# 人民币国际化背景下的长臂管辖问题研究

周诚君 等 著

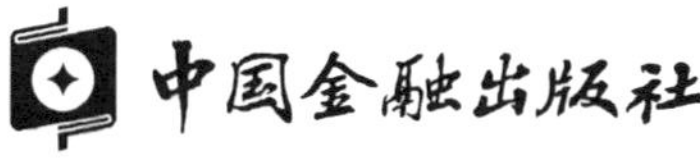

责任编辑：董梦雅
责任校对：孙　蕊
责任印制：丁淮宾

**图书在版编目（CIP）数据**

人民币国际化背景下的长臂管辖问题研究 / 周诚君等著. -- 北京：中国金融出版社，2024. 10. -- ISBN 978-7-5220-2465-3

Ⅰ. F171.25

中国国家版本馆 CIP 数据核字第 2024FY9354 号

人民币国际化背景下的长臂管辖问题研究
RENMINBI GUOJIHUA BEIJING XIA DE CHANGBI GUANXIA WENTI YANJIU

出版发行　中国金融出版社
社址　北京市丰台区益泽路 2 号
市场开发部　（010）66024766，63805472，63439533（传真）
网 上 书 店　www. cfph. cn
（010）66024766，63372837（传真）
读者服务部　（010）66070833，62568380
邮编　100071
经销　新华书店
印刷　北京七彩京通数码快印有限公司
尺寸　169 毫米 ×239 毫米
印张　10
字数　125 千
版次　2024 年 10 月第 1 版
印次　2024 年 10 月第 1 次印刷
定价　68.00 元
ISBN 978-7-5220-2465-3

# 前　言

自2009年中国人民银行启动跨境贸易人民币结算试点以来，人民币跨境使用、各类金融市场对外开放、中资企业和金融机构“走出去”的程度不断提升，我国金融市场开放度、企业和金融机构国际化运营取得积极进展，人民币国际使用稳步提升。然而，由于跨境法律适用的差异、境内法与境外法的冲突，许多从事跨境业务和国际化运营的国内企业和金融机构面临着部分境外司法辖区，特别是美国的长臂管辖所导致的执法冲突、合规冲突等问题。

本书对我国企业和金融机构“走出去”面临的美国长臂管辖情况进行了较为全面的梳理；分析了美国长臂管辖的法理基础、制度框架、发展动向以及法律瑕疵；对美国在反洗钱和金融制裁、证券欺诈、反腐败等领域长臂管辖展开案例研究，就美国长臂管辖对外国主体的影响效应展开了分析。在此基础上，作者从深化认识、积极应对、合理规避或反制、扩大金融市场双向开放、推动人民币国际化等角度出发，研提我国应对美国长臂管辖的总体思路和基本方略。总结来看，一是理性看待美国长臂管辖，在遵守基本规则的基础上，多措并举，积极应对；二是借鉴国际经验，加强国际合作，规避美国出于政治目的开展的长臂管辖；三是化被动为主动，进一步扩大金融市场双向开放，稳慎推进人民币国际化，从根本上解决美国长臂管辖问题带来的一定进展的场景下，如何完善我国国内法域外适用法律体系，研提政策建议。

本书由我负责总撰，包括总体思路、主要内容、研究结论等。具体分工如下：第一章、第六章为中央结算公司魏海瑞，第二章为中国人民银行北京市分行刘超，第三章为中央结算公司张辰旭、中国人民银行党委宣传部武骁哲，第四章为国家外汇管理局外汇研究中心研究二部处长刘旭、兴业研究陈昊，第五章为中国人民银行北京市分行单春妮，附件为中国人民银行北京市分行孙雪。

本书在撰写过程中参考了大量文献资料，并得到了相关部门与金融机构的大力支持，在此对各方的指导与帮助致以最诚挚的谢意。本文仅代表著者个人学术观点，不代表所在单位意见。书中不足之处，恳请各位读者与专家批评指正。

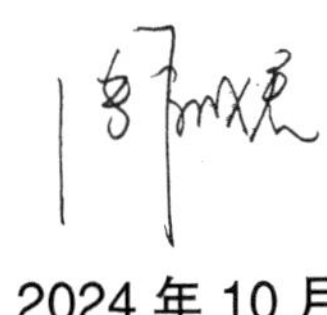

2024 年 10 月

# 目　录

CHAPTER 1

# 引　言

## 一、研究背景

近年来，我国持续扩大金融市场对外开放，有序推进境内与境外金融市场的互联互通，中资企业和金融机构不断加快跨境业务发展和国际化运营的步伐。然而，由于跨境法律适用的差异、境内法与境外法的冲突，许多从事跨境业务和国际化运营的国内企业和金融机构面临着部分境外司法辖区长臂管辖所导致的执法冲突、合规冲突等问题。2020 年以来，在新冠疫情冲击下，叠加中美贸易摩擦加剧等因素的影响，中资企业和金融机构开展跨境美元交易结算业务受到较大影响，其中面临的长臂管辖风险已经成为重要因素之一。为了推动我国企业和金融机构在“走出去”的过程中更加稳妥有序地融入境外司法环境，减少他国施加的长臂管辖相关合规风险和成本，在现有国际贸易金融框架体系下稳健展业，有必要进一步研究境外司法辖区，特别是美国的跨境监管法律基础、方式方法以及具体案例。

与此同时，2009 年以来中国人民银行稳步推进跨境贸易人民币结算业务试点及人民币国际化。随着跨境人民币业务的开展和人民币国际化进程的逐步展开，人民币在境外的使用场景也在不断丰富。截至 2024 年 7 月，根据环球银行间金融电讯协会（SWIFT）数据，人民币已成为全球第四大支付货币，占全球所有货币支付金额比重为 4.74%。在跨境人民币业务大力发展和人民币国际化进程稳慎推进的背景下，长远来看，我国金融监管部门如何监测、监管境外人民币合规流动与使用将面临新的挑战。一方面，人民币作为我国法定货币，我国需要对其持有者承担无限法偿责任，人民币及其相关资产在境外交易、清算和结算的流动性很大程度上取决于我国国内货币政策和人民币国际化相关政策；另一方面，人民币在跨境和境外实际使用过程中可能存在的跨境调运、境外防伪防假、境外人民币账户开立、境外人民币资金结算清算、金融机构合规内控、“三反”、相关数据采集和信息共享等问题也需要有相关法律的支持和广泛的国际司法的监管合作。未来，若能去芜存菁地将当前境外监管部门长臂管辖的经验有机地为我所用，将为合规、稳妥推进人民币国际化及跨境人民币业务发展提供有益借鉴。

## 二、研究意义

从短期来看，深入研究长臂管辖问题将有利于我国监管机构跨境监管协调，也将有助于国内企业和金融机构合规开展跨境业务。当前，为配合“一带一路”倡议、全球发展倡议、全球安全倡议和我国实体企业向外发展的步伐，我国金融机构跨境业务的种类与总量不断上升，境外分支机构的数量也有所增加。考虑到当前国际金融贸易体系还是主要以美元结算，美国监管机构依据其国内法律，可以将以美元计价结算交易的业务纳入自身监管范围。随着中美贸易摩擦的加剧，我国企业和金融机构跨境业务遭遇美国跨境长臂管辖的风险也有所上升。在此背景下，应当深入了解、分析和研判美国等发达国家长臂管辖的法律基础、监管架构、监管要求和具体案例，为我国监管机构跨境监管协调、国内企业和金融机构稳健开展跨境业务提供助力。

从中长期来看，伴随人民币国际化的持续推进，对于境外主体长臂管辖经验的研究、总结和吸收也将有助于我国监管机构构建人民币域外适用的监管框架，筑牢人民币国际化的法律基础，助力人民币国际化。当前，跨境人民币业务的开展和人民币国际化的推进使得人民币在境外使用的方式日渐多样、规模日益扩大，但是就境内监管机构如何监测、监管境外人民币业务而言，仍然缺乏完备的法律基础和成体系的经验。欧美等发达经济体特别是美国，由于其货币长时间作为国际贸易金融的主要结算货币，目前，在其法律框架内形成了较为成熟的监管域外本币流动、交易的法律体系，在具体的监管实践中也通过众多的判例形成了可以借鉴的经验。深入汲取境外长臂管辖的经验教训，将其吸收、创新并用于构建人民币域外适用的监管框架，将有利于筑牢人民币国际化的法律基础，助力人民币国际化行稳致远。

## 三、研究内容

本书将就境外监管主体长臂管辖及应对策略问题和人民币国际化进程中国内法律域外适用问题展开研究。考虑到当前国际贸易金融体系主要以美元计价交易和结算，实施境外长臂管辖的主体主要为美国，因此本书对于境外经验的研究将主要集中于美国。本书的具体内容将主要分为六个部分。

第一章，引言。本章主要介绍研究背景、研究意义和主要研究内容。

第二章，我国企业和金融机构面临的美国长臂管辖问题。近年来，我国企业和金融机构积极布局境外市场，国际化运营程度稳步提升，然而，由于跨境法律适用的差异、境内法与境外法的冲突，许多从事跨境业务和国际化运营的国内企业和金融机构面临着部分境外司法辖区，特别是美国的长臂管辖所导致的执法冲突、合规冲突等问题。本章对国内企业和金融机构面临的美国长臂管辖问题进行全面梳理和分析。

第三章，美国长臂管辖的法律基础及相关制度框架研究。在当前国际贸易金融体系下，以美国为代表的发达国家以其本币为国际贸易金融主要结算货币作为主要切入点，形成了国内法的域外适用体系，并围绕此构建了较为完备、覆盖性较广的长臂管辖法律框架。本章将对美国长臂管辖的法理基础、制度框架、发展动向以及法律瑕疵进行分析和解构。

第四章，美国长臂管辖的典型案例分析。本章以案例分析为基础，对当前美国长臂管辖的影响效应展开研究，重点关注美国在反洗钱和金融制裁、证券欺诈、反腐败等领域，对其他国家和地区各类主体的交易实施的长臂管辖案例。

第五章，我国应对美国长臂管辖的总体思路和基本方略。本章从深化认识、积极应对、合理规避、扩大金融市场双向开放、推动人民币国际化等角度出发，研提我国应对美国长臂管辖的总体思路和基本方略。

第六章，人民币国际化背景下的国内法域外适用。本章对我国国内法域外适用的现状、我国国内法域外适用法律体系建设存在的问题、人民币国际化背景下完善我国国内法域外适用的必要性等问题进行深入分析，并就如何完善我国国内法域外适用法律体系，研提政策建议。

CHAPTER 2

# 我国企业和金融机构面临的美国长臂管辖问题

近年来，我国企业和金融机构积极布局境外市场，国际化运营程度稳步提升，然而，由于跨境法律适用的差异、境内法与境外法的冲突，许多从事跨境业务和国际化运营的国内企业和金融机构面临着部分境外司法辖区，特别是美国的长臂管辖所导致的执法冲突、合规冲突等问题。2020 年以来，在新冠疫情、中美贸易摩擦等因素的影响下，我国企业和金融机构跨境开展美元交易、结算业务所面临的长臂管辖风险更是成为企业和金融机构拓展境外业务的重大影响因素。本章对国内企业和金融机构面临的美国长臂管辖问题进行梳理和分析。

## 一、美国对我国实施长臂管辖的主要内容

美国对我国企业和金融机构的长臂管辖并非新事物。伴随中国改革开放的推进和中美双方贸易和投融资往来的不断增多，美国对华长臂管辖的内容也日益复杂，涉及的案件也逐渐增多，具体来看，大致分为如下几种情况。

## （一）以涉嫌腐败为由对我国企业和金融机构实施长臂管辖

2017年12月，中华能源基金委员会主席、中国香港特别行政区居民何志平在纽约被美国司法部逮捕，美国检方称何志平在担任华信能源高管及中华能源基金委员会主席期间，在全球为华信能源的利益服务，通过贿赂乍得和乌干达的高级官员，以换取华信能源公司在两地的石油独家开采权以及其他商业利益。何志平多次在美国纽约讨论、策划行贿乌干达外长和乍得总统，同时他利用自己在中华能源基金委员会的职权促使该基金会向乌干达外长和乍得总统行贿，并且贿赂行为经由纽约某银行进行了转账操作，美国法院据此判定该案与美国存在“最低限度的联系”，违反了《反海外腐败法》（*Foreign Corrupt Practices Act*，简称FCPA）。2019年3月，美国法院裁定何志平犯行贿罪，被判处有期徒刑3年，并处罚金40万美元①。

张恩照原为中国建设银行行长、董事长，2004年12月因为涉嫌违反FCPA在美国遭到起诉。原告G&D公司（Grace & Digital Information Technology Co.Ltd）从2000年12月起，帮助美国著名金融IT服务供应商FIS的前身AIS在中国销售金融服务软件。双方签订协议向建行销售软件，销售成功之后，G&D将获取一定比例的交易金额作为报酬。这起交易金额总计1.76亿美元，按照合同，G&D有可能获得约五千八百多万美元的佣金收入。但是G&D称，张恩照和AIS的共谋让这笔佣金成为泡影，原告称，2002年5月，张恩照接受AIS的邀请，前往全球最豪华的高尔夫球场之一加州卵石滩度假。在这次高尔夫之旅中，张恩照同AIS签署了新的协定。这个交易的另外一部分是，AIS为张恩照租借了高尔夫球杆，并且以咨询费形式向张恩照支付了100万美元。AIS的这些行为，构成了对张恩照的行贿，违

① 香港前民政局长何志平协助华信行贿洗钱被判刑三年 2019-3-26.http://finance.sina.com.cn/china/2019-03-26/doc-ihtxyzsm0692627.shtml.

反了 FCPA 的有关规定[①]。由于张恩照同时涉嫌其他问题，2005 年 3 月，张恩照在国内被查办，并被判刑。尽管未被美国法院定罪，但已足见 FCPA 对中国企业及金融机构的影响。

## （二）以我国企业和金融机构违反制裁协议为由实施长臂管辖

2012 年 7 月底，中国昆仑银行和伊拉克艾拉法穆斯林银行被控与伊朗银行进行了数百万美元的交易，并为其提供了其他金融服务。由于美国认为伊朗金融机构与伊朗大规模杀伤性武器的扩散以及支持恐怖分子有关，已将伊朗银行纳入制裁对象范围，并限制其他金融机构与其发生业务往来。最终，美国财政部宣布对中国昆仑银行进行制裁，关闭了昆仑银行的美元结算通道，导致其只能用欧元和人民币开展业务[②]。2017 年 6 月，美国财政部称中国丹东银行为朝鲜非法金融活动提供渠道，宣布将相关公司和个人列入制裁名单[③]。2019 年 6 月，美国司法部指控我国交通银行、招商银行、浦发银行与一家香港公司合作，为朝鲜国有外贸银行洗钱超过 1 亿美元，由于三家银行拒绝接受美国有关违反朝鲜制裁调查的传票，美国法院裁定三家银行蔑视法庭[④]。

2022 年 3 月 24 日，美国国务院宣布对中国郑州南北仪器设备有限公司发起制裁，声称该公司违反美国的《伊朗、朝鲜和叙利亚不扩散法案》向叙

① 从朗讯到张恩照　反境外贿赂法撞击中国［EB/OL］. 2005-04-09. https://tech.sina.com.cn/t/2005-04-09/0712576666.shtml.

② 中国昆仑银行竟被列入制裁名单［EB/OL］. 2012-08-02. http://news.sina.com.cn/w/2012-08-02/021924887705.shtml.

③ 丹东银行违反制裁朝鲜决议恐被美国列入黑名单［EB/OL］. 2017-06-30. http://sputniknews.cn/politics/201706301022984705/.

④ 三大银行遭美国调查？违反朝鲜制裁，或被切断美元清算，中银协回应［EB/OL］. 2019-06-26. https://www.sohu.com/a/323075695_557006.

利亚提供武器设备。美国国务院指控郑州南北仪器设备有限公司向叙利亚提供了受到澳大利亚集团化学与生物武器不扩散机制管控的设备。制裁将持续两年，其间，美政府将对该中国实体实施采购及出口管制[①]。2022 年 6 月 29 日，G7（美、英、法、德、日、意、加七国集团）德国峰会后的会谈公报中显示，康奈电子、金湃科技、信诺电子、胜宁电子和世界捷达（香港）物流 5 家中国企业涉嫌在俄乌冲突之前和期间向俄罗斯军事和国防企业提供支持，因此受到美国制裁。这是自俄乌冲突爆发以来，美国首次因涉俄业务对中国实体企业采取制裁措施。[②]2022 年 9 月 29 日，美国对被指参与伊朗石化和石油贸易的公司实施制裁，其中包括 5 家总部位于中国的公司。美国国务卿布林肯在一份声明中指控了两家中国公司：中谷储运舟山有限公司和赢仕船务有限公司。布林肯指控中谷储运为伊朗石油运营一处商业原油储存设施，并指控赢仕船务为一艘运输伊朗石油产品的船只担任船舶经理人[③]。上述案例均是美国指控我国企业及金融机构违反了基于美国国内法而实施的制裁，而非违反了《联合国宪章》，由联合国安理会授权的制裁。

## （三）以涉嫌垄断为由对我国企业实施长臂管辖

2005 年，包括维尔康在内的 4 家中国维 C 生产企业先后收到了美国纽约东区联邦地区法院传票，原告方美国公司 Rains 和 Animal Science Produces Inc 控诉维尔康等企业操纵维 C 市场价格，称它们通过达成固定价格协议，

① 挥舞制裁“大棒”！美又借口“武器扩散”打压中企［EB/OL］. 2022-03-26. https://3w.huanqiu.com/a/de583b/47LEGou4N8u.

② 一个极其恶劣的先例！［EB/OL］. 2022-06-30. https://baijiahao.baidu.com/s?id=1736975557987234575&wfr=spider&for=pc.

③ 伊朗核协议谈判破裂！美国打击伊朗石油出口 5 家中企遭制裁［EB/OL］. 2022-09-30. https://business.sohu.com/a/589138241_557006.

共同实施了对美出口维C产品的价格共谋行为，违反了美国反垄断法，这是中国企业第一次在美国市场遭遇反垄断起诉[①]。一审过程中，无论企业如何证明，甚至中国商务部出席诉讼，确认中国企业被指称的固定价格限量出口行为是当时按中国政府要求实施、美国法院基于中国企业在中国的合法行为而对其处以惩罚性赔偿是完全不合适的，但均无济于事。经过8年旷日持久的诉讼，2013年3月，维尔康接到美国法院裁决通知，认为其存在操纵维C价格的行为，并裁处其赔偿原告1.53亿美元。河北维尔康制药有限公司及其母公司华北制药集团有限责任公司反对判决结果并上诉，二审撤销一审判决，但原告不服上诉，2021年8月，美国第二巡回上诉法院再次驳回了美国公司针对中国药企所谓“价格操纵”的诉讼案，中国药企长达十几年的诉讼终于取得胜利[②]。

同样在2005年，美国两家公司向美国新泽西州地区法院提起反垄断诉讼，称中国17家生产和出口菱镁矿及其制品的企业操纵菱镁矿及其制品的价格，控制向美国和世界其他国家的出口，违反了美国公平贸易的法律。起诉书称，在1999年菱镁矿价格下降后，中国菱镁矿企业在2000年4月开始组成价格联盟。2001年2月，“中国菱镁矿出口协会”成立；2003年3月，包括17家被告在内的19家企业在辽宁省沈阳市召开会议，成立了“中国菱镁矿论坛”，以加强成员之间的自律和协调。原告称，中国菱镁矿“卡特尔”成功地稳住了其在美国的产品价格，并且通过操纵价格和控制，向美国及其他国家的出口量进行持续的联合和共谋，从而避免了价格竞争。而事实上被美国公司指控为价格卡特尔的“中国菱镁矿论坛”旨在规范国内市场的低价

---

① 中国4大维生素C厂商首次遭遇美国反垄断诉讼［EB/OL］. 2005-06-18. https://www.chinanews.com/news/2005/2005-06-18/26/588218.shtml.

② “美国对华反垄断第一案”落槌，中国企业，赢了！［EB/OL］. 2021-08-14. https://baijiahao.baidu.com/s?id=1708068488718775749&wfr=spider&for=pc.

恶性竞争。此前，每吨菱镁矿售价仅 100 美元左右，而配额费用和生产成本分别为 400 元和 300 元人民币，企业几乎没有利润可言，甚至经常处于亏损状态[①]。尽管该论坛属于行业自律组织，但这种松散型价格协调组织仍然被指控为基于美国国内法的价格卡特尔。在中国药企维 C 反垄断案审理过程中，该案件被中止审理，等待维 C 案件的判决结果，而随着维 C 案件中国药企的胜诉，相信中国菱镁矿及其制品企业的合法权益也将获得保护[②]。

## （四）以涉嫌洗钱为由对我国金融机构实施长臂管辖

2016 年 11 月 4 日，中国农业银行纽约分行（以下简称“农行纽约分行”）因违反反洗钱法、掩盖可疑交易被纽约金融服务局处以 2.15 亿美元巨额罚款，成为被境外监管机构重罚的中国首家金融机构。纽约金融服务局宣称，经调查发现农行纽约分行故意掩盖美元结算交易，包括伪造涉及中国和俄罗斯之间的单证、遗漏美元结算中受制裁的交易对手信息，银行管理层还试图让进行内部可疑交易调查的检举者保持沉默等。除了巨额罚款外，纽约金融服务局还对农行纽约分行提出建立有效的内部控制体系、持续 18 个月对美元结算活动保持独立监测等监管要求。纽约金融服务局曾在 2014 年警告农行纽约分行在反洗钱、经济制裁领域存在业务控制流程不完善等问题，然而并未引起农行纽约分行的足够重视，直到被处以巨额罚金[③]。

---

① 中国企业境外初遭“反垄断”诉讼［EB/OL］. 2005–11–15. https://finance.sina.com.cn/roll/20051115/0027397422.shtml.

② 华药打赢美对华反垄断第一案 这场“国际官司”赢得漂亮 2021–8–17.https://baijiahao.baidu.com/s?id=1708291792984385121&wfr=spider&for=pc.

③ 许井荣：农业银行纽约分行反洗钱巨额处罚案的原因及启示［J］. 中国信用卡，2017（4）：57–61.

## （五）以我国上市公司财务及信息披露漏洞为由实施长臂管辖

自 2001 年起，我国有多家在美国上市的企业先后被提起集体诉讼。2004 年，中国人寿在美遭遇集体诉讼，Milberg Weiss Bershad Hynes&Lerach 律师事务所代理投资者向中国人寿发起诉讼并指出，中国人寿在上市前已知悉国家审计署要发布关于其母公司的负面审计结果，但未及时披露这一重大负面信息，而因为这一负面消息，美国投资者的利益受到损害。经过 4 年多的诉讼，2008 年 9 月，虽然美国法院最终就该案作出驳回原告诉讼请求的裁决，但中国人寿也因此耗费了大量人力财力[①]。

2007 年 11 月 27 日，巨人网络在美上市不足一月，就被一家美国律师事务所（Coughlin Stoia Geller Rudman&Robbins）告上法庭。该律所宣布，代表 2007 年 11 月 1 日至 11 月 19 日期间购买巨人网络美国存托凭证的投资者向纽约南区地方法院提起针对巨人网络以及特定高管和董事的集体诉讼，要求被告赔偿因信息披露不完善而导致的投资者损失。他们指责巨人网络 10 月 31 日左右向美国证券交易委员会提交的上市申请书和招股说明书中，未披露第三季度《征途 Online》平均同时在线玩家人数和最高同时在线玩家人数出现下滑的事实，只是到了 11 月 20 日公布的三季报才披露这一情况，原告称这种行为违反了 1933 年的《美国证券法》[②]。

2012 年，中海油同样在美国遭遇集体诉讼，原因是美国投资者和监管机构怀疑中海油在公司经营、财务状况和“蓬莱 19-3 油田”溢油事故发布了重大虚假和误导性信息[③]。

---

① 中国人寿：美集体诉讼案被法院驳回［EB/OL］. 2008-09-05. https://finance.sina.com.cn/money/insurance/bxdt/20080905/07015274863.shtml.

② 巨人网络在美遭起诉［EB/OL］. 2007-12-01. https://tech.sina.com.cn/i/2007-12-01/16331886311.shtml.

③ 中海油在美遭集体诉讼［EB/OL］. 2012-10-24. https://news.sina.com.cn/o/2012-10-24/023925423722.shtml.

## （六）以涉嫌倾销等借口对我国企业实施长臂管辖

过去数十年，中国遭遇的贸易调查屡见不鲜。根据世界贸易组织的数据，中国二十多年来一直是世界上遭遇反倾销调查最多的国家，这也是美国实施长臂管辖的主要借口之一。2017 年 11 月，美国商务部表示，将使用贸易政策手段对从中国进口的铝箔进行调查，以确定是否存在以非法低价倾销行为。美国国际贸易委员会 2018 年 3 月 15 日作出终裁，认定从中国进口的铝箔产品对美国产业造成实质损害。由于美国商务部此前已终裁认定中国向美国出口的上述产品存在倾销和补贴行为，当天的裁定意味着美国商务部将正式要求海关对此类产品征收“双反”关税[①]。

2018 年 10 月 10 日，应美国国内多家床垫企业提交的申请，美国商务部宣布对进口自中国的床垫发起反倾销立案调查。2019 年 5 月 29 日，美国商务部宣布对进口自中国的床垫作出反倾销初裁，获得单独税率的出口商倾销率为 74.65%，普遍倾销率为 1731.75%。2019 年 10 月 18 日，美国商务部发布最终裁定通告，其中征收单独税率的 36 家企业核定反倾销税率为 162.76%，相较初裁结果的 74.65% 增长很多。名单之外的其他企业，则统一征收 1731.75% 的反倾销税率。仅有恒康家居被裁定反倾销税率为 57.03%。根据 UN Comtrade 数据，2018 年中国出口至美国的床垫产品超过 10 亿美元，约占中国出口床垫的 50%，可见美国市场曾在中国床垫制造企业的全球化布局当中占据着关键位置[②]。受反倾销事件的影响，中国床垫企业对美国出口大幅下滑。

---

① 美国对中国产铝箔产品征收“双反”关税［EB/OL］. 2018-03-16. https://www.sohu.com/a/225688848_313745.

② 反倾销裁定后记：162.76% 税率重压，国内床垫行业格局重塑［EB/OL］. 2019-11-25. http://cacs.mofcom.gov.cn/article/flfwpt/stld/ysdt/201911/161317.html.

## （七）以侵犯知识产权为由对我国企业实施长臂管辖

美国的337条款与特别301条款是美国知识产权战的“矛”与“盾”。301条款，即美国《1974年贸易法》第301条，要求外国政府对美国的知识产权提供有效保护，否则即对相关国家施以贸易惩罚措施。337条款是在美国进口贸易中，对侵犯美国知识产权的厂商和产品实施制裁。“恶名市场”名单与“国别评估名单”是“301调查”的杀手锏。从2006年起，美国贸易代表办公室（USTR）在《特别301报告》中确定恶名市场名单。在2010年，美国贸易代表办公室宣布，把恶名市场名单作为“不定期审查报告”，从年度《特别301报告》中单独列出，于2011年公布了首份名单。“国别评估名单”是美国根据对各国知识产权保护状况的评估结果，将各个国家分别列入重点国家、优先观察国家、观察国家等名单里，并对不同国家采取调查、报复、继续观察等反制措施。2011年3月，美国贸易办公室公布“恶名市场”名单，列出全球30多个被指责为“帮助销售盗版及伪劣产品”的网络及实体市场。中国市场在这份名单上所占比率最高，共有10个企业，其中包括中国最大的电子商务企业阿里巴巴旗下的淘宝网等网购市场，以及北京秀水街、北京海龙电子城、浙江义乌小商品市场等知名实体市场①。2022年2月，美国贸易代表处（USTR）发布所谓的《2021假冒和盗版恶名市场报告》，阿里速卖通和腾讯微信生态被新纳入名单。而此前已经进入该名单的拼多多、淘宝和百度网盘等中国公司旗下产品依然在列。美国贸易代表戴琦（Katherine Tai）宣称，“假冒盗版商品的全球贸易破坏了美国关键的创新和创造力，损害了美国工人利益。”②

---

① 中国如何回应美“恶名企业”名单［EB/OL］. 2011-03-22. http://www.beijingreview.com.cn/2009news/jingji/liaowang/2011-03/22/content_345478.htm.

② 阿里、腾讯在列，美国“恶名市场名单”又瞄准中企?［EB/OL］. 2022-02-18. https://www.sohu.com/a/523715340_115479.

## （八）以“国家安全”为由对我国企业和金融机构实施长臂管辖

2018 年 8 月，美国总统特朗普签署了美国 2019 年《国防授权法案》，认定华为、中兴通讯与中华人民共和国政府相关联，不仅禁止美国政府机构购买华为和中兴通讯的产品和服务，还规定不得与购买或使用华为和中兴通讯产品和服务的第三方开展业务合作①。2019 年 5 月，美国总统特朗普依据《国际紧急经济权力法》等，签署了《确保信息通信技术与服务供应链安全》行政令，要求美国企业不得使用对国家安全构成风险的企业所设计、开发、制造的通信技术或提供的服务②。2019 年 5 月，美国商务部工业与安全局将华为及其 68 个附属子公司添加到实体清单（制裁“黑名单”）中，称华为违反了美国《出口管制条例》（*Export Administration Regulations*），参与了损害美国国家安全和外交政策利益的活动③。2020 年 5 月，美国商务部升级了对华为的芯片管制：在美国境外为华为生产芯片的晶圆厂商，只要使用了美国半导体生产设备，就需要向美国申请许可证④。这意味着，从芯片制造到芯片设计 EDA 软件，再到半导体设备，美国开始用“釜底抽薪”的方式阻断全球半导体供应商向华为供货。

2022 年 1 月 27 日，美国联邦通信委员会（FCC）宣布，以 4∶0 的投票

---

① 美新版国防法案对中俄“亮肌肉”禁止使用华为或中兴技术 2018-7-25.https://mp.weixin.qq.com/s?__biz=MjM5MzA0MTg2MA==&mid=2653846095&idx=1&sn=751b4cbdabd260c180c2543c6b52a880&chksm=bd47c6e48a304ff29d54a639c4f03e608d839debe638aa9fb1cecfe9137d7c36f1fecd496ca5&scene=27.

② 美国总统行政令《确保信息通信技术与服务供应链安全》[EB/OL]. 2019-05-16. https://www.secrss.com/articles/10721.

③ 起底美国出口管制“黑名单”：261 家中企被纳入，连续打压中国 5G，华为是否会断供？。2019-5-21.https://static.nfapp.southcn.com/content/201905/21/c2247052.html.

④ 突发！美国升级对华为出口管制，海思或遭全面封锁。2020-5-16. https://baijiahao.baidu.com/s?id=1666815890162540185&wfr=spider&for=pc.

结果，最终决定撤销中国联通在美子公司的214牌照，勒令其60天内停止在美业务。至此，中国三大电信运营商在美业务遭到全面封杀。所谓214牌照，是指根据美国通信法第214条规定，取得FCC颁发的国际电信业务授权。在这之前，中国联通美洲公司在美国提供移动业务、租用线路、互联网接入和云服务。FCC给出的理由是“国家安全”。FCC在公告中宣称，中国联通（美洲）运营有限公司“隶属中国国有企业，受中国政府的利用、影响与控制，非常可能在没有足够的受独立司法监督的法律程序的情况下，被迫执行中国政府的要求”。2019年，FCC就曾以同样“莫须有”的国家安全威胁为由，否决中国移动在美开展业务的申请，继而在2021年10月撤销了中国电信美洲公司在美运营的授权，并诋毁中国电信子公司进行所谓的“恶意网络活动”。2020年，特朗普政府发布行政令，禁止美国投资者对所谓“有军方背景的中国企业”进行投资，中国三大电信运营商名列其中，并被迫于2021年从纽交所退市[①]。

### （九）以“侵犯人权”“强迫劳动”等政治借口为由对我国企业实施长臂管辖

2021年6月23日，美国商务部将合盛硅业、新疆大全新能源股份有限公司、新疆东方希望有色金属有限公司、新疆协鑫新能源材料科技有限公司4家中国新疆的实体企业以及新疆生产建设兵团列入“实体清单”，借口是所谓的“涉嫌侵犯维吾尔族人以及其他穆斯林少数族裔的人权”，美国公司向这些实体出口将需要获得美国政府的批准。6月24日，拜登政府在白宫网站发表了所谓“情况说明书”，宣布禁止从一家被指控在新疆“强迫劳动”的中国大型公司进口太阳能材料，这家公司就是合盛硅业。报告声称美国海关

① 接连“封杀”中国三大运营商　美国究竟为哪般？［EB/OL］. 2022-01-29. https://baijiahao.baidu.com/s?id=1723218162516732917&wfr=spider&for=pc.

和边境保护局已针对合盛硅业及其子公司生产的硅基产品发布了暂扣放行令，称已经获得公司使用“强迫劳动”来制造硅基产品的信息，拜登政府正在采取“额外措施”追究那些从事“强迫劳动”的人的责任，并通过其国土安全部下属的美国海关和边境保护局的行动，继续从供应链中移除使用“强迫劳动”制造的商品。除商务部更新了“实体清单”外，美国劳工部也更新了“童工或强迫劳动生产的商品清单”，将中国所谓“强迫劳动”生产的多晶硅包括在内①。

2023 年 6 月 10 日，美国国土安全部将中国打印机制造商纳思达和新疆中泰化学列入所谓“维吾尔强迫劳动预防法”的实体名单中，这些企业及其子公司生产的商品将被限制进入美国，理由则是这些企业涉及所谓的“强迫劳动”。2022 年 6 月 21 日，美国实施所谓“维吾尔强迫劳动预防法”，现在已有 20 多家企业被列入禁止进口的名单中。2023 年 6 月 12 日，商务部新闻发言人就美国将纳思达和新疆中泰化学 2 家中国企业列入所谓“维吾尔强迫劳动预防法实体清单”答记者问时表示，美方借“人权”之名，行单边霸凌之实，是典型的经济胁迫行为，中方对此坚决反对②。

## 二、美国对我国企业和金融机构实施长臂管辖的手段

通过梳理近年来我国企业和金融机构受美国长臂管辖的案例发现，美国通过长臂管辖处理我国企业和金融机构的手段比较丰富，主要可以分为以下几类。

---

① 美编造“强迫劳动”罪名制裁五家新疆实体，美媒尴尬：它们“似乎并不依赖美国的技术”［EB/OL］. 2021-06-25. https://www.163.com/dy/article/GDAMVRGB0514R9OJ.html.

② 新疆中泰化学被美国纳入“实体名单”！会否造成重大影响？［EB/OL］. 2023-06-15. https://view.inews.qq.com/k/20230615A09PLH00?no-redirect=1&web_channel=wap&openApp=false.

### （一）启动“301 调查”，限制进口、加征关税或停止执行有关协定

“301 调查”主要依据美国《1974 年贸易法》中的 301 ~ 310 条款。根据相关条款，当美国认定某个贸易伙伴的政策违反贸易协定、缺乏公正时，可以单方面启动调查并采取加征关税、限制进口或者停止执行有关协定等报复性措施。据不完全统计，截至目前，美国对中国发动过 6 次“301”调查。1991 年 4 月，美国以知识产权保护为由首次对中国发起“301 调查”，最终中美签订知识产权保护协议，中国对改进知识产权法律作出承诺。1991 年 10 月，美国以贸易壁垒为由，再次对中国发起“301 调查”，最终中国承诺取消美国商品进口壁垒。1994 年 6 月以及 1996 年 4 月，美国在知识产品保护领域又开展了两起“301 调查”。2010 年 10 月，美国在能源领域启动“301 调查”，涉及中国风能、太阳能、高效电池和新能源汽车行业的 154 家企业，最终中国同意修改有关补贴政策。2017 年 8 月，中美贸易摩擦也是始于“301 调查”[①]。2018 年 4 月，美国宣布了基于“301 调查”，对华加征 25% 关税的 1300 余种产品的清单，打响了中美贸易争端的第一枪。

### （二）开展贸易、财务、洗钱等其他各类调查，对涉案企业或金融机构处以巨额罚金、关税或其他强制措施

除“301 调查”外，美国的各类机构还通过反倾销、反垄断、反洗钱、财务调查等其他手段实施长臂管辖。有些调查往往持续数年，对企业的声誉及经营造成巨大影响。调查结果一旦成立，往往是加征巨额关税、处以巨额罚金等，导致中资企业及金融机构背负沉重负担，不得不退出美国市场。例如，针对中国药企所谓维 C“价格操纵”的诉讼案，中国药企经过长达近 17

---

① 迄今为止美国对华实施 6 次“301 调查”.2018-3-28. http://m.ce.cn/yw/gd/201803/28/t20180328_28643396.shtml.

年的诉讼才终于取得胜利。又如，2018 年美国商务部对中国床垫企业开展的反倾销调查，最终对中国企业核定了巨额反倾销税率，导致几乎所有中国床垫企业退出美国市场。再如，2010 年在美国上市的中国概念股绿诺科技，由于被质疑财务造假，经过仅仅 23 天的调查后，就被美国证券交易委员会摘牌，清理至粉单市场[①]（Pink Sheet Exchange），其 CEO 被指控触犯联邦证券法的反欺诈等条款，最终同意和解，被处以 15 万美元和 10 万美元的罚款，且 10 年内不得担任任何在美上市企业的管理工作[②]。

### （三）启动二级制裁，对涉案企业或金融机构处以临时检查、限制业务、罚款等惩罚

美国对外经济制裁通常分为一级制裁和二级制裁，其中，一级制裁主要针对被制裁对象本身展开，二级制裁主要针对非制裁对象的第三方，限制其与受制裁对象发生经济联系。据不完全统计，受美国制裁的中资企业或金融机构，约 70% 与美国对朝鲜和伊朗的制裁有关。1993 年 7 月底，美国以"向伊朗运送化学武器原料"为借口，对中国远洋运输总公司广州分公司的集装箱货轮"银河号"进行临时登船检查，检查未发现任何结果，"银河号"货轮却因此被迫中断正常航行。2013 年 2 月，美国国务院以《防止向伊朗、朝鲜和叙利亚扩散法》第三款为依据，对深圳倍通科技有限公司等 4 家中国企业及 1 名中国公民进行制裁。2018 年 5 月，美国单方面退出《伊核协议》，重启对伊朗的制裁，进而开展对与伊朗有业务往来的中资企业或金融机构的

---

① 粉单市场（Pink Sheet Exchange）是美国纳斯达克最底层的一级报价系统，主要功能是为那些选择不在美国证券交易所或纳斯达克挂牌上市、或者不满足挂牌上市条件的股票提供交易流通的报价服务。

② 瑞幸造假致中概股深陷窘境 中国企业赴美上市难度将日趋增加［EB/OL］. 2020-04-13. https://baijiahao.baidu.com/s?id=1663848502048612264&wfr=spider&for=pc.

制裁。2020 年 2 月，美国务院再度援引《防止向伊朗、朝鲜和叙利亚扩散法》，对保定市世贸通企业服务有限公司等 6 家中国企业和 2 名中国公民进行制裁[①]。

## （四）对相关责任人进行刑事处罚或制裁

美国的长臂管辖一般以临时检查、罚款、限制业务往来等形式为主，但也有对相关责任人采取刑事处罚的案例。典型案例如下：一是中华能源基金委员会主席何志平案，2017 年 12 月，中华能源基金委员会主席何志平在纽约被美国司法部逮捕，美国检方称何志平贿赂乍得和乌干达的高级官员以换取华信能源公司的商业利益；2019 年 3 月，美国法院裁定何志平构成行贿罪，判处其有期徒刑 3 年、并处罚金 40 万美元[②]。二是华为公司首席财务官孟晚舟案，2018 年 4 月，美国司法部就华为是否违反美国对伊朗的制裁规定问题展开调查；2018 年 8 月，纽约东区法院签发针对孟晚舟的国际逮捕令，指控孟晚舟违反了美国“伊朗交易和制裁令”；2018 年 12 月，加拿大警方应美国政府司法互助要求，逮捕了在加拿大温哥华转机的孟晚舟[③]。

近年来，随着中美博弈日益激烈，美国甚至多次直接制裁中国机构相关人员。2020 年 8 月，美国财政部制裁包括香港特区行政长官林郑月娥在内的 11 名内地和香港官员，林郑月娥表示受制裁影响，银行账户已注销，薪水只

---

① 王震．对新形势下美国对华“长臂管辖”政策的再认识［J］．上海对外经贸大学学报，2020-11-21.

② 香港前民政局长何志平协助华信行贿洗钱被判刑三年 2019-3-26.http://finance.sina.com.cn/china/2019-03-26/doc-ihtxyzsm0692627.shtml.

③ 孟晚舟案这两年［EB/OL］. 2020-12-04. https://baijiahao.baidu.com/s?id=1685163810324944734&wfr=spider&for=pc.

能采用现金领用[①]。

### （五）列入实体清单，对涉案企业或金融机构处以限制进入美国市场、禁止第三方企业与其交易等措施，全面封锁涉案企业或金融机构

近年来，随着中国综合国力的持续提升，以及美国国内反华共识的逐步形成，美国采用长臂管辖对中国企业进行打压的行为屡见不鲜。其通常采取的手段是将相关中国企业列入各类实体清单，如 2019 年 5 月，美国商务部工业与安全局称华为违反了美国《出口管制条例》，参与了损害美国国家安全和外交政策利益的活动，从而将华为及其 68 个附属子公司添加到实体清单中[②]。再如 2022 年 6 月 21 日，美国实施所谓“维吾尔强迫劳动预防法”，先后将多家中国企业列入所谓“维吾尔强迫劳动预防法实体清单”[③]。一旦企业被加入各类实体清单中，与其存在业务往来的上下游企业出于自身安全考虑，基本断绝与涉案企业的业务往来，导致涉案企业难以购买原材料、销售产品，不得不退出美国市场。

### （六）切断涉案金融机构与美国金融系统的联系

切断涉案金融机构与美国金融系统的联系，对中资金融机构的影响最大。近年来，昆仑银行与丹东银行都遭受了此项打击。一是昆仑银行案。2012 年 7 月，因昆仑银行与伊朗银行有业务往来，美国将其列入制裁名单，

---

① 林郑 . 被美国制裁后没银行提供服务，只能用现金［EB/OL］. 2018-11-28. https://m.thepaper.cn/baijiahao_10184407.

② 中方再回应华为被美方列入出口管制清单：完全违背市场规则［EB/OL］. 2019-05-17. http://m.haiwainet.cn/mip/3541083/2019/0517/content_31559020_1.html.

③ 美方又以所谓“强迫劳动”将 5 家中企列入实体清单，中国驻美使馆发声驳斥 .2024-08-09. https://finance.sina.com.cn/jjxw/2024-08-09/doc-inchzpnf7588487.shtml.

切断其与美国金融系统的联系，并阻止其涉足美国金融市场。昆仑银行的前身是克拉玛依市商业银行，2010 年更名为昆仑银行。相比于其他商业银行，昆仑银行的主要客户是大型央企、石油石化产业链上下游企业。昆仑银行 2011 年财务报告显示，该行已经与 50 余个国家和地区的数百家银行建立了代理行合作关系，国际业务涵盖汇款、信用证、保函、资金交易、贸易融资等。美国将昆仑银行彻底排出美国的金融体系，对昆仑银行的美元相关业务甚至整个国际业务构成致命打击。[①] 二是丹东银行案。2017 年 6 月，美国财政部以丹东银行为朝鲜核武计划提供支持为由，切断了丹东银行与美国金融系统的联系。美国时任财政部部长史蒂文·姆努钦（Steven Mnuchin）在声明中表示："此次行动将更好地保护美国金融体系免遭朝鲜非法计划所利用，以逃避制裁和资助其武器计划。世界各地的银行和企业都应该注意，它们必须警惕朝鲜企图进行非法融资和贸易的行为。"据美国财政部提供的文件，丹东银行在 2012 年 5 月至 2015 年 5 月期间，通过美国的代理银行促成了 7.86 亿美元的交易，其中约 17% 的交易与受制裁的朝鲜实体有联系[②]。此次制裁使得丹东银行的国际业务遭受严重损失。

## 三、美国长臂管辖对我国企业和金融机构的影响

美国长臂管辖对我国企业和金融机构造成了直接和持续的声誉和经济损失，主要体现为以下几个方面。

① 中国昆仑银行被美列入制裁名单 . 2012-8-2. https://epaper.voc.com.cn/sxdsb/html/2012-08/02/content_539145.htm.

② 丹东银行被禁止与美国金融系统往来［EB/OL］. 2017-11-04. https://www.sohu.com/a/202286417_827255.

### （一）加大企业或金融机构声誉风险管理压力

美国实施长臂管辖的法律依据众多，手段丰富。近年来中美贸易摩擦不断，美国长臂管辖案件的数量出现增长，范围越来越大，理由越来越多。一旦美国对中资企业或金融机构开展长臂管辖，境外媒体往往会结合人权、知识产权保护等敏感话题进行炒作，施加舆论压力，迫使中资企业和金融机构就范。如美联社就曾以《中国银行业机构已成为全球网络制假售假的避风港》为题报道中国银行案件，再如淘宝、腾讯等被列入“恶名市场”名单，这使得中资企业和金融机构的声誉风险大幅增加。

### （二）增加中资企业或金融机构国际化运营成本

中资企业或金融机构为了避免遭受美国长臂管辖，往往要雇用大量合规人员研究美国相关法律，对自身的交易进行严格的合规审查。与此同时，美国长臂管辖相关法律也在持续演进，这使得中资企业或金融机构需要不断在合规方面投入大量人力和物力资源，预防潜在的法律风险。此外，在涉外诉讼案件中，相关国家和地区的法律往往鼓励当事人诉讼，原告和律师常有意寻找案件与金融机构的联系，想方设法将金融机构卷入诉讼。一旦原告起诉，金融机构就需要应诉答辩，由于诉讼程序复杂漫长，会产生大量诉讼费用，显著增加了中资金融机构的国际化运营成本。

### （三）使得中资企业或金融机构在法律上处于进退失据的两难窘境

以中资银行为例，美国开展长臂管辖使得在美中资银行分行陷于中美法律冲突的两难境地，即：如果不执行美国法院的命令，则可能面临巨额罚款，甚至被逐出美国金融系统；而执行美国法院命令，又会违反中国《商业银行法》等国内法律，同时还可能侵害客户隐私和财产安全，影响客户对国内银行业的信任和信心。此外，相关行为亦有损我国司法主权，并可能面临国内监管处罚或被国内客户起诉的风险。

### （四）冲击我国企业或金融机构的正常业务运营，甚至威胁到企业的生存

以昆仑银行案为例，2012 年 7 月，美国财政部宣布对中国昆仑银行进行制裁，关闭了昆仑银行的美元结算通道，导致昆仑银行最后只能用欧元和人民币开展业务①。2012 年 12 月，经协商，昆仑银行恢复了对伊朗的部分业务，但合作范围仅限于伊朗与中国双边贸易中的人道主义和非制裁领域的商品和服务。此后，昆仑银行在伊朗的业务被股东视为是一种沉重负担。而在中兴通讯案中，美国长臂管辖已经威胁到企业的生死存亡，2018 年 4 月，美国商务部发布公告，美国政府将在未来 7 年内禁止中兴通讯向美国企业购买敏感产品；2018 年 5 月，中兴通讯公告称，受拒绝令影响，公司主要经营活动已无法进行②。

## 四、美国对华长臂管辖的新发展及未来趋势展望

当前，全球治理体系正在深刻重塑，国际格局正在加速演变。全球发展面临的深层次矛盾突出，保护主义、单边主义思潮抬头，美国对华政策出现重大调整，中美关系出现了一系列的负面事件，从美国奥巴马政府后期提出“战略东移”和“亚太再平衡”，到特朗普执政后的“印太战略”和贸易摩

① 突发！昆仑银行将暂停接收伊朗货款，已有中国卖家被欠款过百万美金［EB/OL］. 2018-10-26. https://zhuanlan.zhihu.com/p/47720387.

② 中兴通讯：受拒绝令影响公司主要经营活动已无法进行［EB/OL］. 2018-05-10. https://baijiahao.baidu.com/s?id=1600045068953837858&wfr=spider&for=pc.

擦，再到拜登上台后将中国明确为“头号竞争对手”，限制、打压中国成为美国决策层中占据优势的声音，涉华长臂管辖随之出现了新动向。

## （一）美对华长臂管辖的新发展

近年来，美国对华长臂管辖的变化主要体现在以下几个方面。

一是长臂管辖的力度和频率大幅增加。据不完全统计，克林顿政府时期，美国对华进行过 2 次制裁。小布什政府时期，美国对华制裁明显增多，达到 10 多次。奥巴马政府时期，美国对华制裁保持相对稳定，总体数量略有下降。2017 年，特朗普政府上台以来，中美双边关系和战略互信大幅恶化，多个中国实体遭到了美国的制裁，相关机构、企业和个人被处以高额罚金、限制交易和出口等诸多处罚。2021 年，拜登政府上台后，美国对中国的打压有增无减，这些所谓“制裁”和“处罚”的频度和力度，无论在数量还是规模上，都已经达到史无前例的水平。

二是“定点打击”和“精准打击”增多。美国对华实施长臂管辖的目标和方式选择日渐精准，事后来看，几乎每个案例都进行了精心策划和准备。美国对华实施长臂管辖的对象主要包括四类：一是中国政府部门。主要是对中国政府的政法系统或军工系统的制裁。二是中国政府部门官员。如其利用《全球马格尼茨基人权问责法》对中国执法系统官员和新疆维吾尔自治区负责人的制裁，利用《制裁打击美国对手法案》对中央军委装备发展部负责人的制裁。三是中国重点企业。主要包括中国本土的高科技企业、军工和执法装备企业和外贸类企业。四是中国企业界领袖。如 2015 年 5 月，美国指控天津大学教授和诺斯微系统公司创始人张浩“串谋经济间谍活动”，并将其诱捕[①]。又如 2018 年 12 月，美国与加拿大串谋对华为公司首席财务官孟晚舟

① 独家：张浩案，美国为打压中国芯片技术精心编织的又一张黑网［EB/OL］. 2019-08-25. https://baijiahao.baidu.com/s?id=1642853837791714750&wfr=spider&for=pc.

实施抓捕和羁押[①]。

三是遏制型和政治性长臂管辖大幅增加。20 世纪 90 年代以来，美国对华实施长臂管辖的主要目的在于迫使中国企业配合美国对第三国的制裁。这些制裁本身并不以中国企业或金融机构为目标，很大程度上是为了寻求中国的配合。近年来，形势正在发生根本性变化，一方面，美国以“国家安全”等借口，对华为、中兴通讯、大疆等中国高科技公司的长臂管辖和制裁目的已转变为打击中国高科技企业，削弱中国的竞争优势，遏制中国科技发展。另一方面，美国还以“人权”等借口，对中央军委装备发展部及负责人、新疆维吾尔自治区公安厅和下属 18 个县市公安局等单位和个人实施制裁。此外，美国国会频繁在中国台湾、中国香港和新疆议题上通过各种法案，为其对华进行更多长臂管辖制造依据，这些所谓的长臂管辖和制裁具有非常明显的政治动机[②]。

## （二）美国对华长臂管辖未来趋势展望

一是力度和频率将继续增加。当今世界正处于“百年未有之大变局”，中美关系已发生深刻变化。回顾历史，自 1972 年中美关系解冻以来，中美关系经历了“全面合作”“接触加遏制，以接触为主”等多个阶段，在奥巴马政府第二个任期，美国对华政策开始出现遏制加码的倾向，但合作依然是主流。2017 年 1 月，特朗普政府上台后，美国对华政策的总基调逐渐转向以遏制打压为主。2021 年 1 月，拜登政府上台后，尽管拜登政府对华政策较特朗普政府而言将更有预见性和可控性，但美国对华政策总基调已经转向，对华遏制已成为美国两党共识。因此，作为有力打压和遏制工具的各项长臂管

① 任正非女儿加拿大转机时被捕：或引渡美国中国使馆抗议［EB/OL］. 2018-12-06. https://tech.163.com/18/1206/07/E2AUM3KI00097U7S.html.

② 王震 . 对新形势下美国对华“长臂管辖”政策的再认识［J］. 上海对外经贸大学学报，2020（6）.

辖手段，预计将会被更加频繁的使用。

二是金融类和科技类长臂管辖案件将大幅增加。经过改革开放40多年的发展，中国综合国力已经大幅提升，中美综合国力对比正在发生显著变化[①]，美国已愈发感受到压力。金融和科技是美国领先全球的重要支柱行业，也是其对华打压的重点领域。因此，在今后一段时期，美国在金融和科技领域对中国企业和金融机构的长臂管辖案件可能将大幅增加。在金融领域，由于美元仍居于霸权地位，美国的金融制裁对我国金融机构的影响巨大，一旦被美国整体移出美元体系，后果将不堪设想。在科技领域，随着我国高科技企业数量不断增多，已经对美国的科技企业产生实质性威胁，今后一段时期，类似华为和中兴通讯等被美国釜底抽薪式的长臂管辖案件可能会越来越多。

三是政治性长臂管辖案件将继续增加。美国为了实现遏制我国发展，维护自身超级大国地位的战略考量，将会持续以违反人权、强迫劳动、与军方有关联等借口对我国企业和金融机构发起长臂管辖，牵制我国发展。

① 1980年，中国GDP仅为美国的7%；2019年，中国GDP已占美国的60%。1995年，中国共有3家企业进入世界500强；2020年，中国共有133家企业上榜，成为了全球拥有世界500强企业最多的国家，首次超过美国的121家。与此同时，据世界知识产权组织公布的消息，2019年中国国际专利申请数量首次超越美国，跃居全球第1，从企业专利申请数方面看，华为已连续3年位列世界第1，排名前10的企业中共有4家来自中国。

CHAPTER 3

# 美国长臂管辖的法律基础及相关制度框架研究

长臂管辖（Long Arm Jurisdiction）的概念源于美国民事诉讼，最初用于处理美国跨州的管辖权问题。长臂管辖的内涵和适用领域经由大量立法、司法和执法实践不断丰富，逐步从单一的美国国内民事诉讼领域，拓展到国与国之间的民事、刑事等多个领域。近年来，美国在银行、证券、反腐败、进出口管制等细分类别中，对中国的企业和金融机构实施长臂管辖，造成诸多不良影响。但究其根本，长臂管辖本质上仍是一个法律概念，美国根据这一概念施行的一系列措施，从外观来看是具备合法性基础的。因此，在探讨具体的应对思路之前，有必要对美国施行长臂管辖背后的法律逻辑做清晰的梳理。特别是在现今的国际政治、经济背景下，如果仅以外交谴责等传统方式对美国的长臂管辖予以回应，一方面显得不够有力，另一方面也与我国现代化大国的国际地位并不相称。因此，第三章对长臂管辖的内涵、法理基础及相关制度框架进行分析研究。

# 一、美国长臂管辖[①]的法理解释

## （一）长臂管辖的内涵与外延

长臂管辖可能是近些年的热门法律词汇中内涵较为复杂的一个，因为其始于法律，但在真正使用过程中又受到国际政治、经济、贸易、金融等多方面的影响。因此，在展开下一步讨论之前，应当首先对长臂管辖的内涵，以及与之相近似、易混淆的概念，如“国内法的域外效力”等做简要的梳理和辨析。

### 1. 长臂管辖的内涵

长臂管辖，或者称长臂管辖权，原本是美国民事诉讼法中的特有概念，是属人管辖（权）的延伸。在美国法典（*United States Code*）等美国的有关法典和学者笔下，长臂管辖这一术语的含义有所不同：在法典中，长臂管辖权指依据有关长臂法律所主张的管辖权，是法定的，只有在符合法律书面明确规定时，法院才可依法行使管辖权；而 Gary Born 和 Peter Rutledge（2011）、Mark Gerge（1982）等学者理解的长臂管辖是指在民事诉讼中，对于非本州甚至非本国的居民或者法人的被告，只要被告与法院地之间存在“特定联系”，本州法院便可在保证原被告双方拥有平等权利的前提下对该被告行使管辖权。美国法院通过一系列案例不断扩张对这种“特定联系”的理

---

① 根据 2018 年 9 月 24 日国务院新闻办公室发表的《关于中美经贸摩擦的事实与中方立场》白皮书的阐述，中国政府采广义的长臂管辖概念，即“依托国内法规的触角延伸到境外，管辖境外实体的做法”“涵盖民事侵权、金融投资、反垄断、出口管制、网络安全等众多领域”。http://www.gov.cn/zhengce/2018-09/24/content_5324957.htm#4. 最后访问时间 2020 年 7 月 10 日。本节为阐明“长臂管辖”基本法理，将首先回归并限缩到美国法上的理解，采用《布莱克法律词典》的解释，即“对起诉时与管辖区域有联系的非居民被告的管辖权”，是依据美国各州制定的长臂法律所主张的管辖权。Bryan Garner（eds.）, Black’s Law Dictionary（West Group, 10th edn, 2014）.https://www.next.westlaw.com. 最后访问时间 2020 年 7 月 10 日。

解，20 世纪 40 年代，美国法院在判例中将“特定联系”理解为“最低限度联系”，并将之作为确定是否行使长臂管辖权的基本条件。联邦最高法院在 Helicopteros Nacionale de Colombia，S. A. V. Hall（466 U. S. 408）（1984）一案中以特别管辖权（special jurisdiction）代表长臂管辖权，此后，一般认为特别管辖权可以视同长臂管辖权。

随着国际商业活动的普及，长臂管辖由解决州际管辖权争议逐步拓展至解决国际管辖权争议问题。由于美国具有宽泛的长臂管辖权规则和可获高额赔偿的期待利益，成为当事人提起诉讼的理想地，长臂管辖得以普遍适用。如美国联邦最高法院大法官金斯伯格（Ginsburg）2011 年评论 J. McIntyre Machinery，Ltd. v. Nicastro 一案中指出，特别管辖权应随着时间的推移而发挥主要作用，扩大适用范围以适应全球化经济的现实。而一般管辖权的范围应当相应缩小，仅扮演好“安全阀”角色即可。[①] 这一观点也承袭了著名比较法学家冯·梅伦教授（Von Mehren）和特劳特曼（Trautman）的思想。

需要明确的是，法律意义上的长臂管辖和事实意义上的长臂管辖存在一定的区别，在多数语境下不应混淆。2018 年 9 月，国务院新闻办公室发布了《关于中美经贸摩擦的事实与中方立场》白皮书，其中，以“以国内法长臂管辖制裁他国”为标题专设一节，对美国的长臂管辖在事实意义层面进行了官方界定：“‘长臂管辖’是指依托国内法规的触角延伸到境外，管辖境外实体的做法。近年来，美国不断扩充‘长臂管辖’的范围，涵盖民事侵权、金融投资、反垄断、出口管制、网络安全等众多领域，并在国际事务中动辄要求其他国家的实体或者个人必须服从美国国内法，否则随时可能遭到美国的民事、刑事、贸易等制裁。”由此可知，国际社会所诟病的美国长臂管辖，其内涵实际是对美国以不合理及不合法的方式、无节制地扩张域外管辖权的

① https://www.law.cornell.edu/supct/pdf/09-1343P.ZD.

形象称谓，带有明显的负面和贬义含义。这与美国民事诉讼法律中长臂管辖的原意相比，在调整的关系、性质、在国际法上的定性等方面存在一定的区别。这一问题将在以下长臂管辖概念与“域外效力”概念的辨析中进一步阐释。

综上所述，长臂管辖权是指法院对外国（州）被告（非居民）所主张的特别管辖权的总称。目前，由于“最低限度联系”原则的模糊性和灵活性，在实践中，出于各种目的，其内涵被无限扩大，甚至可以延伸至通话、邮件或者银行转账等场景，应用地域也从美国国内扩展至国外，管辖事由亦从商业贸易扩展至反腐败、反垄断等领域。

2. 相近概念辨析

（1）经济（金融）制裁

制裁是指在国际关系中，一个或者多个政府间国际组织或主权国家为达到自身政治、经济、外交等战略目标，对另一个或者多个他国政府、企业及其他实体、自然人等主体采取非武力、强制性、限制性措施的手段。按照实施的领域可以分为经济制裁、政治制裁和军事制裁，但后两者一般是针对国家层面发起的，且与国内法关联不大，严格意义上来讲，并不属于长臂管辖的范畴。

相对而言，经济（金融）制裁是长臂管辖最常见的手段之一。按照其辐射面，经济金融制裁包含全面制裁和定向制裁，全面制裁又可以细分为一级制裁和二级制裁（也有文献材料称为“初级制裁”和“次级制裁”）。其中，一级制裁禁止美国境内公司、自然人与被制裁国从事一切与美国因素有关的交易行为，所谓“美国因素”，包括美国的自然人、公司和其他实体，以及美国的科技、服务和金融基础设施等要素。二级制裁则要求除美国外的其他国家企业和主体都不与被制裁对象进行特定的交易，否则也要受到美国的制裁。借助二级制裁，美国可以凭借其国际影响力实现事实上的多边制裁。可见，经济（金融）制裁只是长臂管辖的一种手段，虽然在概念上和长臂管辖有交叉，但二者并不完全等同。

（2）域外效力

此处的域外效力具体指“国内法的域外效力”，从内涵来看与“国内法的域内效力”相对应。传统主权理论认为，一国国内法的效力以主权边界为限。但随着20世纪以来国际交往愈加频繁，为了解决国内法的属地性与跨国流动性之间的矛盾，一些国家开始超越地域边界，适用其国内法，对本国领域外发生的行为进行规制，从而产生了国内法的域外效力问题。

对于长臂管辖和国内法的域外效力的区分，国内主要有三类观点。第一类观点认为，长臂管辖就是美国版的国内法的域外效力（肖永平，2019）。

第二类观点认为，长臂管辖与国内法的域外效力虽在形式上有相似之处，但在适用领域、性质和应对方式上存在本质区别（霍政欣和金博恒，2020）。一是适用领域与调整的关系不同。长臂管辖权适用于民事领域，调整的是私法关系；国内法的域外效力主要涉及公法领域，调整的主要是公法关系。二是性质不同。法院依长臂管辖对外国主体行使司法管辖权主要是民事诉讼原告单方面挑选法院的结果，具有相对被动性，而扩张其国内法的域外效力是主动行使公权力的结果，具有明显的主动性。三是应对方式不同。美国法院基于长臂管辖审理以外国主体为被告的民事纠纷后，被告可以提出管辖权异议，依据“不方便法院原则”等理由请求法院中止管辖或者放弃行使管辖权，也可以选择在本国法院就相同诉因提起诉讼进行反制，被告的本国政府通常不会介入此类民事案件。与此不同，美国执法或者司法部门基于国内法的域外效力处罚外国主体后，被处罚对象虽可依照美国国内法寻求救济，但实践中更常见的方式是通过其本国政府向美国提出外交抗议，或者采取相应的法律阻断、报复措施，甚至有本国政府将美国诉诸国际司法机构的先例。

第三类观点认为，尽管国内法域外效力与长臂管辖存在区别，但由于所规制事项的复杂性，这两者在美国法实践中并非相互独立，而往往互相交织，很难完全区分（廖诗评，2019）。例如，根据《爱国者法案》（*USA Patriot Act*）和相关反洗钱立法，若境外人员涉嫌洗钱，美国政府有权对涉案人员作出处罚，以及与之达成和解协议，涉案人员在此过程中有可能承担民事和刑事责任；如果涉案人员不执行和解协议中的民事罚金部分，政府可以启动联邦司法程序，以起诉涉案人员的方式实施这一协议；如果涉案人员与政府无法就和解金额达成一致，涉案人员也可以启动司法程序寻求法院的司法审查。在这些程序中，既涉及美国政府将本国法域外适用的做法，也涉及美国法院行使长臂管辖权的实践。

从学理上看，长臂管辖和国内法的域外效力确实存在区别，但正如第三类观点所言，实践中二者常常相互交织，生硬地将两者分割难以符合客观案件的需要。从推动解决目前我国“走出去”企业所面临的法律困境以及构建人民币国际化背景下的长臂管辖制度的角度，在本书中，我们将长臂管辖理解为美国对非居民被告所主张的特别管辖权，该管辖权的权利基础是该非居民被告与美国之间存在的“最低限度联系”。在经济全球化背景下可以体现为使用美元、使用美元结算体系或者与主要使用美元结算体系的主体有经贸往来等场景。“最低限度联系”是长臂管辖权得以成立的基础，下一节将详细论述其理论渊源和在实践中的适用标准。

## （二）法理基础

### 1. 权力论或者属地主义

该理论是19世纪至20世纪中期美国管辖权理论的主流观点。权力论或者属地主义的核心是“出现”（presence）或者“实际出现”（physical presence），该理论从“管辖权的基础是实际控制”这一角度出发，认为只要受案法院能够有效控制被告，作出的判决能够有效执行，该法院就有管辖权。

传统上认为司法管辖权是国家主权的直接体现，19 世纪早期，美国法院认为“主权疆界之外无法律存在”①，任何州（主权国家）都有权自行决定本州（国）司法机关的管辖权。1877 年 Pennoyer v. Neff 案②（彭诺耶诉内夫案，以下简称“彭诺耶案”）正式确立了依据属地原则行使对人管辖权，确认了被告在法院辖区内“出现”是法院行使对人管辖权的先决条件。彭诺耶案的判决同样表明，如果被告在法院地只是短暂地居住，那么只有当被告在法院地停留时间内被送达传票时，法院才能对被告行使对人管辖权。在彭诺耶案的 40 年后，霍尔姆斯（Holmes）大法官总结道：“管辖权的基石是物理权力（的支配）”（The foundation of jurisdiction is physical power）。③ 基于权力论或者属地主义，在对人诉讼（action in personal）中，美国法院对“出现”在州内的人——包括在法院所在州内定居（Domiciled）的被告、能够送达传票（served with summons）的被告行使管辖权。

权力论或者属地主义是彭诺耶案所在时代背景的产物——在 19 世纪，因为个人的移动能力有限，交通不够发达，商业活动主要局限在当地，所以该案所确立的地域管辖规则是符合时代需要的，且并不会阻碍原告寻求司法救济；更值得一提的是，各地法院依据属地主义“各扫门前雪”，使得案件

① Bank of Augusta v. Earle，38 U.S. 519（1839）.

② 该案案情如下：彭诺耶（以下简称 P）夫妇分居两地，P 先生居住在新泽西州，而其妻和两个孩子则住在加州。P 先生出差至加州，并顺道看望孩子，其妻在加州提起离婚诉讼，P 先生在加州被送达诉讼文书并返回新泽西州。他辩称，加州依宪法不应对其行使管辖权，因为他与加州的唯一联系即是其短暂出差至加州并看望孩子。对此，联邦最高法院法官认为，无论被告在该州停留多久，只要其在法院地被直接送达，法院即可行使对人管辖权。Aeron Charline, Supreme Court of the United States, Personal Jurisdiction. Pennoyer v. Neff [J]. Onym Press, 2011.

③ McDonald v. Mabee，243 U.S. 90（1917）.

程序的确定性更强、相关流程也更为简洁，在节省司法成本的同时，也使得来自法院州外的判决轻易不会影响到本州。

2. 联系论

联系论的核心是被告与法院地间的联系，若被告与法院地存在最低限度的联系，则法院可以因任何与被告相关的诉由对被告行使管辖权。联系论是长臂管辖最有力的法理根据之一，最低联系的判定标准也极大地扩张了美国法院的管辖范围，成为美国法院维护本国当事人利益的有效工具。

与权力论 / 属地原则相类似，联系论的产生也有其特定的时代背景。“二战”结束后，作为资本主义世界的“领头羊”，美国国力空前强大，跨州和国际贸易活动规模的迅速扩张以及交通状况的改善，都使得跨州、跨国人员流动更为频繁，如仍旧机械地适用彭诺耶案所确定的属地原则可能给美国法院带来诸多限制和质疑，例如未能考虑到对公司法人行使管辖权的标准（郭玉军和甘勇，2000）。基于政治需要，美国法院也想将自身的司法影响力渗透到境外，因此法院对属人管辖权作出了全新的解释：在 1945 年国际鞋业公司诉华盛顿州案（*International Shoe Co. v. Washington*）上诉案中，美国联邦最高法院确定了成立长臂管辖需要符合的标准，即最低联系标准（test of minimum contacts）。

该上诉案中，国际鞋业公司辩称其不是华盛顿州的公司，在华盛顿州也没有“营业活动”，因而公司没有“出现”（presence）在华盛顿州，华盛顿州法院不能主张管辖权。对此，联邦最高法院回应：“在历史上，法院在属人诉讼中的管辖权产生于其对被告人身的实际支配能力，因此被告出现在法院所管辖的地域内是被告受法院判决拘束的前提条件”；但是，“如果被告没有出现在法院的辖区，法院要想使其服从属人诉讼的判决，则被告与法院所在州之间应有某种最低限度联系，使该州法院行使管辖权并不与传统的公平与实质正义观念相抵触。”①

3. 公平论

由于在适用最低联系标准时，如何判断被告是否或者应该预见到、如何认定被告有目的地利用法院地的便利、如何认定被告的负担是否过分，不同法官对不同案件甚至同一案件的认识存在很大差异，因此其适用结果具有很大的不确定性，多数美国学者和法官主张运用公平论进行合理性审查（肖永平，2019）。

公平论的核心法理基础，是要求长臂管辖权的成立应当满足《美国宪法第十四修正案》中规定的正当程序要求。美国宪法正当程序条款要求美国法院行使管辖权须符合三项条件：一是对当事人送达传票，二是给予当事人听审的机会，三是有正当的管辖依据。正当程序条款尝试为美国法院提供一个可以依赖的、具体的外在框架来行使管辖权（郭玉军和甘勇，2000）。《美国对外关系法重述（第四次）》（*Restatement Fourth of the Foreign Relations Law of the United States*）第 302 条规定中对人管辖权的依据是“美国宪法中的正当程序条款要求（对被告）拥有充分的联系，并且管辖权的行使是合理的”。

但正如博登海默所言：“正义有着一张普罗透斯似的脸，变幻无常，随时可呈现不同形状并具有极不相同的面貌”，公平与正义存在相对性与流变性，公平标准的模糊性导致了公平论的操作性和可预见性不足。

---

① 该案中的原告国际鞋业公司成立于特拉华州，其主要营业地在密苏里州，1937 年至 1940 年，国际鞋业公司在华盛顿州雇用了十几名华盛顿的居民为其本公司的推销员。该公司在华盛顿州没有办公室，除了让这些推销员在华盛顿州为其征集定单外，公司在华盛顿没有其他的商业活动，推销员有时在该州租用房间作为公司产品的展厅，租金由公司报销，推销员没有被授权签订合同，推销员的佣金总额为 31000 美元，华盛顿州政府依其法律提起诉讼试图基于该公司付给居住在本州的推销员的佣金而向公司征收失业救济金，国际鞋业公司在一审败诉后向联邦最高法院提起上诉，该公司认为，华盛顿州法院对其不具有管辖权，其行使管辖权违反了宪法的正当程序的规定。International Shoe Co. v. Washington，326 U. S. 310（1945）.

4. 同意论

同意论实际上脱胎于权力论，或者说是对权力论的补足。同意论认为管辖根据应当以“当事人的意志”（Intention of parties）为基础。

在确定无体物和法人的“出现地”以及主权国家在何种情况下对其享有权力较为困难的情况下，权力论便存在一定的局限性，1855 年 *Moulin v.Trenton Mut.Life&Fire Co.* 一案以“同意”弥补了这一局限性。在具体解释和适用上，由于美国联邦最高法院从未对“基于同意而行使管辖权”的问题进行说明，因此在如何理解“同意”这个问题上，下级法院可以独立对其进行解释，各州法院基于不因他州管辖行为而导致本州利益受损的基础目的，以及扩张自身管辖权的冲动，发展出多样的“同意”形式。

最常见的是协议管辖（Choice of forum），源于国际私法中的“当事人意思自治”原则，包括明示协议管辖和默示协议管辖。

一是明示协议管辖。是指作为当事人可以在选择法院条款上达成合意，同意接受特定法院的管辖。1972 年，美国法院在国际民事管辖权问题上开始承认选择法院条款的有效性（刘颖和李静，2006），1965 年海牙《协议选择法院公约》（*Convention on the Choice of Court*）第 2 条规定，除了有关人的身份、能力或者有关家庭的法律问题，有关负担生活费的义务、继承问题，有关破产、清偿协议或者类似程序等问题，以及有关不动产权利的诉讼外，具有国际性质的民商事关系的各方当事人，可以用书面形式缔结有关某一特定法律关系中、已经或者可能发生的争端由某国法院管辖的协议。[①] 换言之，

① CONVENTION ON THE CHOICE OF COURT Article 2:It shall not apply to agreements on the choice of court concluded in the following matters;(1) the status or capacity of persons or questions of family law including the personal or financial rights or obligations between parents and children or between spouses;(2) maintenance obligations not included in sub-paragraph (1);(3) questions of succession; (4) questions of bankruptcy, compositions or analogous proceedings, including decisions which may result therefrom and which relate to the validity of the acts of the debtor;(5) rights in immovable property.

双方可以通过合意赋予特定法院管辖双方之间争议的权力，双方自主自愿地将自己置于特定法院的管辖控制范围之中，这也是对于同意论是对权力论补足的最直接的理解。

二是被告的默示同意。如美国早期的非居民机动车驾驶条款认为：非居民的机动车驾驶员在本州公路上的行驶，应被视作其默示任命州政府有关官员作为其接受传票的代理。在黑斯诉帕罗斯基案中，州法院认为，对州政府官员的送达已经具备了送达黑斯的效力（郭玉军和甘勇，2000）。应诉“同意”这也是国际公认的管辖规则之一。被告因出庭而被视为放弃管辖权抗辩，承认长臂管辖权。在卡吉尔公司诉赛宾贸易运输公司一案中，法院认为，被告直接就实体问题答辩应视为自动放弃管辖权抗辩，无论这是否是被告的最初意图。《布鲁塞尔公约》第 18 条规定：“如果被告在缔约国的法院出庭应诉，该法院即有管辖权，但被告出庭只是为了抗辩管辖权或者其他法院有专属管辖权的除外。”

进入 21 世纪，美国部分的州法院开始将外州公司在法院地的注册经营行为视为其在法院地的“存在”，即将“基于注册行为的同意”（consent by registration theory）视为被告“同意”在法院地因任何理由而被诉，从而对外州公司主张管辖权[①]。“基于注册行为的同意”是法院对“出现”和“同意”的扩大解释。但从现有的司法判例来看，各巡回法院并未就“基于注册行为的同意”理论是否符合正当程序原则达成一致，对该原则适用的争论仍在继续（徐伟功和谢天骐，2019）。

由此，权力论、联系论、公平论和同意论形成了一个框架：管辖权的基础是法院对于涉诉双方享有一定的支配地位，这是权力论的核心思想；联系论是在权力论基础上的第一次扩张解释尝试，将与法院存在“最低限度联

---

① Spiegel v. Schulmann, 604 F.3d 72（2d Cir. 2010）. Consol. Dev. Corp. v. Sherritt, Inc., 216F.3d 1286（llth Cir. 2000）. King v. Am. FamilyMut. Ins. Co., 632 F. 3d 570（9th Cir. 2011）.

系”的当事人解释为处于该法院的权力范围内。但司法界很快意识到，如果无限扩张很可能导致法院之间管辖权倾轧，不利于维护整体的司法环境，因此，公平论的出现是对联系论的制衡，在一定程度上也完善了长臂管辖的相关理论基础。同意论则是在公平论基础上的进一步补充，特别是强调默示同意所带来的解释空间，给长臂管辖权的拓展夯实了基础。尽管四者在美国管辖权扩张的过程中此消彼长、互为补充或者限制，但共同涵摄并证成了美国长臂管辖实践的正当性理由，也反映了从主权至上到利益至上的价值取向转变。

### （三）最低联系标准的适用和限制

如上文所述，鉴于最低联系标准是一个相对模糊的标准，可能会使管辖权无限扩大，因此，联邦法院经由一系列司法实践发展出有意利用标准、合理性标准、不方便法院规则等，对最低联系标准的实际适用加以限制或者补充（郭玉军和向在胜，2002）。

1.“有意利用”（Purposeful availment）标准

“有意利用”，即被告是否有目的、有计划地利用法院地所在州的有利条件（had purposefully availed itself of the benefits of the forum state）。如果被告基于自身利益有目的地利用法院地的商业或者其他条件，以取得在法院地所在州从事某种活动的权利，进而得到该州法律上的利益与保护，则该州法院可以行使管辖权。

具体而言，可以从以下三方面考察被告是否“有意利用”法院所在州的有利条件。

（1）可预见性标准

1980 年 *World Wide Volkswagen Corp.v. Woodson*（国际大众公司诉伍德

森）案[①]中，联邦最高法院认为被告对其在法院地被提起诉讼具有合理的可预见性。

（2）实质联系（substantial connection）

美国联邦最高法院在 Burger King v. Rudzewicz 案[②]中提出了这一标准，指出“有意利用”要求被告与法院地之间建立了“实质联系”。法院认为，当被告在一州有目的、有计划、有意识地进行了大量活动，或者与法院地居民建立了“持续性的义务”时，则其显然在有意地利用在这里进行商事活动的好处。对于“实质联系”，法院认为应考虑众多因素，如双方当事人先前的谈判活动、对交易的预期、合同条款以及对合同的实际履行等。

（3）“商业流”（the stream of commerce）

这一标准是由美国联邦最高法院在 Asahi Metal v. Superior Court[③]案中提出的。该案的焦点是，当被告将其产品投入到商业流通中，并且也意识到或者应该意识到该产品将要流通到法院地，则其行为是否构成了“有意利用”。法官们在这一问题上产生了分歧。有些法官认为，被告利用了这一地区的流动渠道，将产品投入到商业流通中，已构成“有意利用”；也有一些法官认为，仅仅将产品投入到商业流通中这一行为本身并不构成“有意利用”，被

① 原告从 Seaway Volswagen 公司购买了一辆奥迪汽车，当原告一家驾驶汽车穿越俄克拉何马州时，汽车与另一辆车相撞，汽车起火，对原告造成了伤害，原告在俄克拉何马州起诉纽约、新泽西和康涅狄格州的奥迪经销商 Seaway 公司和 world-Wide Volkswagon 公司，美国最高法院否决了俄克拉何马州的管辖权。法院指出，被告在俄克拉何马州没有任何的商业活动，没有销售和服务行为，没有通过销售人员招揽生意，也没有在该州做广告。因此，被告并没有使自己置于俄克拉何马州的法律所赋予的权利和利益之下。World Public Library. World-Wide Volkswagen Corp. v. Woodson[M]. Betascript Publishing, 2010.

② http://lawschool.mikeshecket.com/civpro/burgerkingcorpvrudzewicz.html。最后访问时间：2020 年 7 月 3 日。

③ Asahi Metal Indus . Co. v. Superior Court,480 U.S. 102（1987），https://www.leagle.com/decision/1987582480us1021577. 最后访问时间：2024 年 4 月 30 日。

告还必须有“进一步的活动”（additional activity）。

综上可知，“有意利用”标准主观性仍然较强，即使在实践中，法院往往会根据被告的客观行为，来判断其是否在主观上有“有目的利用”的意愿，但这实际上造成的结果往往是重新强调地域性以及被告的行为等连结点在管辖权确定中的作用。而这些连结点是否足以帮助法院地形成管辖权，裁量权重归法官，从而给法官极大的裁量空间，也给管辖权的确定带来极强的不可预见性。

2.“合理性”（Reasonableness）标准

“合理性”标准，即管辖权的行使是否公正合理，是否违反“传统的公平和实质正义的观念”（traditional notions of fair play and substantial justice）[①]。即使被告已在法院地建立了最低联系，法院还必须考量对一个非居民的被告行使管辖权是否“合理”。而对于合理性审查，法院必须考虑平衡几个方面的利益：一是被告的负担；二是判决结果所体现的该州的利益；三是原告获得救济的利益；四是最有效的处理结果对本州司法利益的影响；五是是否有利于推行各州间所分享的社会政策[②]等方面。公平和公正不仅是管辖权是否成立的审查和限制条件，也是其最终的目的。

由于《美国宪法第十四修正案》中的“正当程序原则”（due process）仅为原则性规定，被告对自身行为的认知以及是否会因此行为被法院地法律所管辖，皆因标准的模糊性而很难正确判断。公正往往存在于法官的看法与判断之中，而非精确、客观的法律规则之中，导致法律的公知力、明确性、可

① Sam Puathasnanon. Cyberspace and Personal Jurisdiction:The Problem of Using Internet Contacts to Establish Minimum Contacts Loyola of los-angeles law review，P. 704 January，1998.

② Douglas D. McFarland Drop the Shoe:ALaw of Personal Jurisdiction MissouriLaw Review，P. 763，Fall，2003.

预见性均难以体现。

3.“不方便法院”（Doctrine of forum non conveniens）原则

最低联系标准的出现并不意味着以往属人管辖权中关于地域的限制都不复存在，法院在进行管辖权确定的时候仍会考虑相应的地域因素。

19世纪末，为保护被告人免受过分的属人管辖，“不方便法院”原则得以确立，即对案件有管辖权的法院，可以因审理案件不方便而拒绝行使管辖权，而由对被告更为方便的法院管辖。判定标准主要是，被告与法院之间的距离是否过远以至造成诉讼成本过高。如在1959年 *Grace v. MacArthur*（格雷斯诉麦克阿瑟）一案中，阿肯色州法院以执行官在飞机飞越其领空时向被告送达传票为由主张对被告有属人管辖权。这种以被告的“瞬间存在”为由主张的过境管辖权显然是不合理的，而实际上以此为行使管辖依据的情况也是相当罕见的，在现代这一情况已受到“不方便法院”规则的限制。

各国对“不方便”的认定不尽一致，英美国家是以“最合适法院”（most appropriate forum）为衡量标准，即当存在另一个更为合适管辖的法院时，之前主张享有管辖权的法院就会将自己视为“不方便法院”并放弃管辖权，而澳大利亚法院是以“明显不合适法院”（clearly inappropriate forum）为衡量标准，即只有当自己是“明显不合适法院”时才认定自己为“不方便法院”（刘颖和李静，2006）。

## （四）美国现行长臂管辖法案

按照美国各州长臂管辖法案内容，学界通常将长臂管辖法案分为两类：一是无限制长臂管辖法案（或称“综合式”），即只要在《美国宪法第十四修正案》正当程序条款所许可的前提下，法院可以享有针对非居民被告任何种类行为的对人管辖权，这一类型的代表有犹他州、新泽西州、得克萨斯州等；二是列举式长臂管辖法案，即法院仅仅针对非居民被告的某些特定行为享有对人管辖权，这一类型的代表是纽约州、伊利诺伊州等。如1955年伊利诺伊州长臂管辖法案规定，在对人诉讼中，下列案件可向州外的个人和公司送达传票和诉讼文书：①任何在该州进行的交易；②在该州发生的侵权行为；③对在该州的不动产享有所有权、使用或者占有者；④订立契约，对当时在该州的任何人、财产或者风险提供保险者（张丝路，2017）。

目前，在美国50个已经确立了长臂法案的州中，有29个确立了列举式长臂管辖法案，这其中有24个州的法院解释了其长臂法案，而另外5个州的法院只要求按正当程序条款对长臂法案给予有限的限制。而另外21个州确立无限制长臂管辖法案的州中，有10个州是随着该州法院扩张解释本州长臂管辖法案的范围，而在列举式长臂法案的基础上增加了无限制的兜底条款。

## 二、美国长臂管辖权的演进逻辑及发展动向

从以上对司法判例、法官说理、学界学说的回溯和梳理可知，从起源上看，美国长臂管辖权的本意是解决美国国内跨州管辖权权源如何成立的问题，且作为一项司法管辖权，局限在解决民事案件争议。但从我们目前的感受来看，长臂管辖权的实际应用早已显著超出以上范畴，不仅完成了从国内向国际、从司法管辖权到立法管辖权和执法管辖权、从民事案件到刑事案件的全面拓展，而且在叠加美元霸权之后，使得美国国内法院的管辖权已经遍及全球，并与执法机构形成组合拳，可谓无往不利。

### （一）向国际、立法执法、刑事案件伸展

#### 1. 从适用于美国国内州际拓展至国际问题

尽管美国长臂管辖权最初是为了解决州法院如何对其他州的居民、法人或者其他实体行使管辖权的问题，但在经济全球化的大背景下，各国之间

的经贸往来日渐频繁，长臂管辖权的内涵也逐步扩展和丰富，在国际案件中的使用明显增加。非居民当事人只要与美国存在最低联系，即便不在美国领域内，美国法院也能对其行使对人管辖权。由于美国各州法院试图以长臂管辖来解决州际问题时，必须遵守《美国宪法第十四修正案》关于正当程序的“硬约束”，在一般情况下基本能够保障管辖权行使的合理性。但当长臂管辖适用于国际案件时，只有国际礼让、“不方便法院”原则等国际法方面的“软约束”，自然无法抑制美国对长臂管辖权的任意甚至恶意扩张适用。

2. 从司法管辖权延伸至立法管辖权和执法管辖权

自“国际鞋业公司案”以后，美国最高法院通过一系列判例发展了最低联系标准，如1958年“汉森案”确定的“有意利用”标准、1980年“世界大众汽车公司案”确定的“可预见性”标准等。受上述判决的影响，美国50个州先后制定了自己的长臂法规，明示其立法管辖权。一半以上的州对其长臂法规的适用范围没有限制；即使是有限制的州，其法院也常常作扩张解释。更重要的是，越来越多的联邦立法包含长臂条款，确保美国法的完整统一适用，避免美国人通过在外国设立子公司等方式以规避美国法，避免外国人比美国人受到更少的限制，避免国际规则不利于美国利益。

近年来，美国越来越注意通过负责出口管制、经济制裁、知识产权等事务的行政部门实施民事或者行政处罚。这些部门包括美国国务院国防贸易管制局、商务部工业及安全局、财政部外国资产管理办公室、能源部核管理委员会、专利商标局、国土安全部海关和边境保护局等。此外，美国国土安全调查局、联邦调查局、五角大楼国防刑事调查局和其他执法机构还负责调查涉嫌违反出口管制、经济制裁和经济间谍等法律规定的犯罪行为，美国司法部负责对涉嫌犯罪的外国个人、法人或者其他实体提出刑事指控。

3. 从主要适用于民事案件拓展至刑事案件

美国长臂管辖权传统上主要适用于民事案件，但现在对涉及国家安全、出口管制、经济制裁、反腐败、商业秘密保护的刑事案件也常常适用长臂管辖权，以此追诉全世界的个人、法人或者其他实体，导致不少外交冲突，引发诉讼爆炸。

事实上，不管是民事案件还是刑事案件，也不管是行使域外立法管辖权，还是司法管辖权或者执法管辖权，如果美国的做法并不被国际法明文禁止或者授权，也不符合习惯国际法或者多数国家的实践，就需要根据具体领域和案件的具体情况才能判断其是否符合国际法。例如，《反海外腐败法》虽然是为了"公平、正义、清廉"的价值观，但在统计美国的具体实践后不难发现，受到追究和处罚的大多是外国公司，而总部在美国的公司或者其高管很少受到影响。这种选择性的执法，显然不符合国际法和美国法规定的"合理性"要求，也不符合法律一视同仁的基本特征。

## （二）长臂管辖权和美元霸权的联合出击

相较于上述由国内跨州管辖向国际跨国管辖、由司法管辖向立法和执法管辖、由民事案件向刑事案件的变化，对国内金融界触动最大的长臂管辖动向进展，还是美国利用其美元霸权，在司法调查和起诉方面的实践。

1. 行政机关构筑长臂管辖权力基础

21世纪以来，在《萨班斯法案》（*Sarbanes-Oxley Act*）、《爱国者法案》等立法推动下，美国联邦政府各个部门越来越多地以长臂管辖为武器，以反腐败、反恐、保障人权等名义，堂而皇之地通过一系列法律法规，对相关国家（如伊朗、古巴等）进行武器禁运、金融或者贸易等相关制裁。如果第三国的有关企业和个人与上述国家存在经贸往来，则会被美国政府认为构成违反美国政府的制裁，并以此为由对该第三国的有关个人、法人或者其他实体实行司法或者执法管辖，即对该境外个人、法人或者其他实体提起诉讼或者进行处罚。

如前所述，长臂管辖权的成立必须符合最低联系标准，而美国司法部门在这一问题上认为，如果境外公司与美国建立了某些直接或者间接的运营、合同或者商业关系，且具有持续性或者经常性特征，即符合最低联系标准，可以适用长臂管辖权。

从目前的案例来看，美国联邦政府司法部门最常用的方式是，联邦政府动用长臂管辖权对境外机构或者个人发起司法调查和起诉。由于美国政府司法部门具有强大的侦查能力，涉诉方或者被调查方的证据通常难以推翻美国政府司法部门的证据链，因此为避免进入实质诉讼程序，几乎所有涉诉方和被调查方都只能选择认罪、配合调查、缴纳罚款或者与司法部和解。

例如，根据1979年《出口管制法案》（*Export Administration Act of 1979*），美国商务部制定了一系列出口管制条例，并据此决定国内外的任何机构和个人不得出口某些类别的产品，一旦违反则可能受到相应的行政处罚。这里需要说明的是，行政处罚本身并不是法院审判的依据；在类似案件中，如果出现当事人申报不实或者虚假信息的情况，则美国相关政府部门会以此为犯罪事实，以“妨碍司法罪”起诉当事人。美国法院的长臂管辖之司法管辖权以此为基础成立。由此可见，美国的制裁不仅对被制裁国家有直接影响，而且对于与被制裁国家有直接经贸往来的其他国家的个人或者企业也会有不可忽视的影响。

换言之，美国及其盟国以对世界经济举足轻重的整体影响力作为筹码，变相要求世界其他国家都必须一同执行美国对特定国家的制裁要求，否则原本不在制裁之列的国家也可能面临不利后果。如上所述，在学界的研究中，一般将对直接制裁目标国家的制裁手段称为初级制裁，对其他国家的制裁称为次级制裁。2016年在国内引起广泛瞩目的中兴通讯股份有限公司（以下简称中兴）案中，美国商务部即采用了以上逻辑，根据中兴与伊朗等被制裁国家的合作中包含美国供应链的调查结果，认定中兴违反美国法令。虽然中兴表示，在 2012 年美国发起调查之后，中兴已经立刻停止了与伊朗等国家的往来，但美国商务部仍然认为中兴违反了美国出口限制的相关法规，对中兴采取了限制出口等措施，并要求中兴彻底改组董事会和管理层，采取更高规格的安全保障，后续还对中兴处以巨额罚款，给中兴等正在崛起的中国制造新力量带来了沉重打击。

2. 典型案例

（1）2014 年法国巴黎银行被罚案[①]

2014 年法国巴黎银行被罚案是这其中的典型案例之一。2014 年 6 月，美国司法部指称，法国巴黎银行（BNP PARIBAS）的部分美元交易清算活动的对手方是受美国制裁国家名单中的机构或个人，这一部分活动的金额超 88 亿美元，而且其中近一半是与明确要求必须严格与美国金融系统隔断的机构或者个人开展的，总时间跨度长达八年。美国司法部认为，以上行为性质恶劣，不仅是违反了美国的法律，而且美国司法部举证证明了巴黎银行的律师已经警告自己的客户相关行为非法，但巴黎银行明知故犯，仍未停止上述非法行为。美国司法部指称，由于巴黎银行十分清楚自己的行为非法，因此巴黎银行通过与其业务往来关系密切的其他国家的金融机构合作（包括近十家阿拉伯银行），以掩饰非法的美元交易清算。在被美国司法部实施调查后，巴黎银行起初不配合并试图隐瞒业务路径。最终调查认定，由于巴黎银行在这些活动中通过其纽约分行使用 SWIFT 系统完成交易，从而满足了最低联系标准。最终，巴黎银行与美国司法部达成和解的条件不仅包括全额支付 89.7 亿美元罚款，而且巴黎银行还承认了刑事犯罪、特定美元结算业务也要终止一年。

（2）中资银行受处罚的相关案例

中资银行近年来在美国遇到的长臂管辖主要是在司法调查方面，如最早

---

① 高敏雪．“长臂管辖”与政府统计中的属民 / 属地原则［J］. 中国统计，2019（9）：43-46.

引起国内公众关注的2015年中行涉古驰案。[①]

2010年6月，国际奢侈品牌古驰起诉多名中国人，案由系生产及销售仿冒品，古驰表示有初步证据证明涉案人员已将货款汇入中国银行在中国国内的分行账户。有鉴于此，古驰称为证明被告从事侵权活动，申请法院命令中行提供涉案人员在中国境内账户的资金往来信息。2015年9月，纽约州地方法院法官同意了古驰的申请，要求中国银行提供涉案人员的账户等信息。中行纽约分行向法院提交了被告位于美国境内的银行记录，但拒绝提供被告在中国境内的银行账户信息文件。2015年11月，纽约州地方法院法官裁定，中行未能按照法庭要求提供账户记录的行为属于“藐视法庭”，并对中行处以每日5万美元的罚款。2016年1月，中行最终在受罚后决定提交销售假冒古驰的该行客户在中国境内开立的银行账户资料。

无独有偶。2018年，一家公司在受让耐克和匡威诉讼胜诉的债权转让后向法院申请，向中国农业银行、中国银行、交通银行、中国建设银行、招商银行和中国工商银行六家银行发出传票，要求提供判决债务人相关资产的相关信息。法院同意了该申请，并下发了财产调查令。六家中资银行在撤销财产调查令的申请中均表示，根据中国法律，中国的银行有保密义务，除非按照国际公约中国司法部同意协助。纽约南区法院首席法官麦克马洪（McMahon，C.J.）作出命令，驳回六家中资银行关于撤销财产调查令的申请，并命令六家银行自收到命令之日起28日内（即2018年12月17日）执行财产调查令。根据这个调查令，这些银行必须要把包括中国境内分行在内的交易记录向美国公开，否则将面临巨额罚款或者被禁止在美开展业务的限制。尽管六家中资行保留关于调查令违反中国法律的意见，但是在巨额罚款的压力下，仍开始执行调查令的要求，搜集并提供了中国境内银行关于中国

① 孙璐璐．中行在美诉讼历险或二度被判“藐视法庭”［N］．证券时报，2015-11-30.

被告的财产线索文件七千余份。

（3）法院认定长臂管辖权未能成立的相关案例

长臂管辖权并非在所有情形下都能够成立。例如，在2013年美国证券交易委员会（SEC）诉沙里夫一案中，纽约联邦南区法院就以特殊管辖权不合理而不成立为由，驳回了一起《反海外腐败法》项下指控。在该案中，控方指控了一名德国制造公司阿根廷子公司的前主管鼓励他人贿赂阿根廷政府并伪造财务报表。法院认定，被告与美国的联系过于微弱，不能满足正当程序要求；而且即使满足最小联系，考虑到被告“距离遥远、年龄太大（74岁）、英语能力欠缺和该辖区审理该案的利益弱化”，对他进行司法管辖也是不合理的。[①]

此外，纽约州最高法院商业部大法官布兰斯滕以无管辖权为由裁定驳回*Ace Decade Holdings Ltd.* V. UBS AG（2016）一案时，阐述了其分析逻辑：依据《纽约州民事诉讼程序法》（CPLR）302第（a）（1）至（a）（3）节，法院对州外被告行使长臂管辖权，需满足下列前提：（1）被告进行交易的业务在州内；（2）在州内实施的侵权行为；或者（3）在国家没有对州内的人或者财产造成伤害的情况下实施的侵权行为。同时，允许依据CPLR § 327（a）“不方便法院”驳回诉讼。

3. 基于美元霸权构建更广义的长臂管辖权

在目前美元霸权的客观条件下，绝大多数的国际经贸往来都无法回避使用美元结算，在石油等特殊贸易领域，美元更是居于垄断地位，虽然中国已经尝试通过与沙特等产油国的合作打破美元的垄断，但这种努力仍需时日。而根据美国的监管要求，只要银行的客户使用美元进行结算，则其必须向银行披露其正在进行的美元结算的对手方是否是被美国制裁的国家（包括是否

① 李怡霄，李雨珊，姚天冲．我国应对长臂管辖的策略［J］．中国外资，2021（5）：42-45.

有结算往来以及结算具体数据）。一旦出现未曾说明或者说明情况不符合事实等情形，即已经满足欺诈银行罪的基本要件，上述银行的客户（企业或者个人）有可能被美国司法部以此为由采取强制措施，或者提起诉讼。与之相类似的情形还有使用 SWIFT 报文系统，系统的所有用户都被苛以类似的说明义务，或者说都被置于类似的面对潜在诉讼的环境中。

可见，美元的世界货币霸权地位为美国长臂管辖权的成立提供了最有力的抓手。如果美元不是全球享有最强话语权的强势货币，不能仅仅通过“美元结算 / 使用 SWIFT 报文系统”等全球化商贸往来中的必需环节成立“最低联系”，则长臂管辖权无法在全球范围内开展；此外，罚款和禁止在美展业等执法手段之所以对外资机构构成威慑，也是以美元在全球经济中的主导地位为依托的。美元霸权和长臂管辖权联合出击，使得美国司法部能够在全球范围内行使司法调查权，取得其希望获得的绝大多数信息和数据，或者阻止相关企业进入其设障的领域和国界。

## （三）呈现出愈发浓厚的地缘政治色彩

习近平总书记在党的二十大报告中指出：“当前，世界之变、时代之变、历史之变正以前所未有的方式展开。”美国长臂管辖政策也在随时代发展而不断调整。特别是 2008 年国际金融危机后，随着美国全球霸权地位的衰落及中美大国博弈增强，美国长臂管辖政策的目标、动因和手段也在不断演变，日益成为政治操弄、维护霸权的武器，呈现出愈发浓厚的地缘政治色彩。其中，最具代表性的是近年来美国联合西方国家对俄罗斯实施的金融制裁。

### 1. 具有大规模多层次的特点

美国等西方国家对俄罗斯实施的多轮经济制裁是其中的典型案例，特别是在俄乌冲突爆发后，对俄经济制裁规模之大、强度之高堪称史无前例。总体来看，美国对俄制裁有以下两大类六种方式（沈伟和方荔，2023）：第一类针对自然人，主要有两种，一是针对俄罗斯政府要员，特别是与俄乌冲突直接相关的人员；二是针对俄罗斯商业经贸领域的高层，例如商业精英和企业家。第二类针对企业或行业，主要有四种，包括对矿业公司、管道公司、系统重要性银行等企业的精准制裁，限制高科技产品对俄出口，禁止与俄进行能源交易，以及将俄罗斯排除出 SWIFT 系统等。上述制裁不仅规模大、而且层次全，覆盖了俄罗斯参与全球贸易的主要领域和咽喉环节，制裁力度前所未有。

2. 量身打造并实施制裁措施

对于不同国家和地区、行业领域、组织形式、人员身份的不同情况，美国所实施的制裁措施也是量身打造、有的放矢。仍以美在俄乌冲突中的制裁为例。美国在对俄罗斯的制裁中，着意选取了军工、金融、能源、金属与采矿、工程、国防、电子、航空航天、航海等对俄罗斯国民经济起决定性作用的行业，确定为对俄制裁范围。其中，有三个行业是最新被纳入的，即电子、航空航天、航海，从中可以看到鲜明的行业发展时期特点。假如将来有任何经营实体或个人被认定与俄罗斯上述行业存在经贸往来，美国都保留采取制裁措施的可能，且制裁措施对象并不局限于美国人。

3. 以地缘战略对抗为底层逻辑推动制裁

在扩大制裁规模、丰富制裁形式、精细化制裁针对性之外，美国还以地缘战略对抗为底层逻辑，融合经济、政治、外交、军事多条线制裁思路，“党同伐异”，提升制裁效果，加速俄罗斯与全球经济体系的脱离。

“党同”方面，美国通过国际组织、多边条约框架等，与其在全球范围内的超三十个盟友通力合作，包括欧盟、英国、日本等提升制裁对象、时间和措施的统一性、同步性，极大程度地提高了制裁的有效性、协调性和广泛性。其中不仅包括上述将俄罗斯银行排除出 SWIFT 系统，还包括限制 IMF、世行等多边机构向俄罗斯贷款、G7 国家撤销俄罗斯部分关键产品的最惠国待遇等。不仅在政治领域，在经贸商业领域，包括麦当劳、Netflix 等在全球范围内展业的美国公司也陆续退出俄罗斯市场，对俄罗斯的境外投资和营商环境都带来了沉重的打击。

“伐异”方面，美国实施制裁的对象不仅包括俄罗斯，还包括俄罗斯的重要盟友，例如白俄罗斯。美国在金融、贸易、科技等领域对俄罗斯实施的制裁措施同等适用于白俄罗斯。例如，从 SWIFT 系统中被排除的不仅有俄罗斯银行，还包括三家白俄罗斯银行；美欧资本市场不再向部分白俄罗斯的重要国有企业和国有银行提供融资。“伐异”的逻辑不仅在于隔绝外部可能对俄罗斯提供的经济、军事支持，更是对俄罗斯盟友或者潜在盟友的威慑，使得俄罗斯孤立无援，从而达到制裁的根本目的。

值得注意的是，制裁本身并不是长臂管辖，但制裁可能构成后期长臂管辖权成立的基础。一旦俄罗斯或其盟国中的个人、法人或者其他实体违反了上述制裁要求，就可能被认为是“妨碍司法罪”，从而构成了美国相关法院行使长臂管辖权的基础。

## 三、美国长臂管辖的制度框架

如前所述，美国对外开展长臂管辖的历史可以追溯到其立国之初，由于彼时美国的经济体量相对较小、美元也并非国际金融贸易的通行货币，因此当时美国长臂管辖主要关注商品贸易方面，且实际效果较弱。此后，随着美国经济的增强以及美元成为国际金融贸易货币，美国长臂管辖权的范围也从最开始的商贸拓展到了金融交易、证券欺诈、反腐败等一系列领域，所涉及的执法机构也逐步增多，最终逐渐形成了较为完备的长臂管辖框架。考虑到本文主题，本节仅就美国反洗钱与制裁、证券欺诈、反腐败等长臂管辖领域的机构设置和框架结构进行阐述。

## （一）美国金融制裁与反洗钱长臂管辖涉及机构

美国与经济金融相关的长臂管辖权可以主要分为三个部分：反洗钱与金融制裁、证券欺诈、反腐败及其他。这三个领域虽然相互有一定关联，但总体而言，美国在这三个领域开展长臂管辖的案件相对独立。

在反洗钱与金融制裁领域，美国执行长臂管辖权所涉及的机构包括财政部、司法部（DOJ）、美联储（FED）等金融监管机构以及纽约金融服务局等部门。美国财政部的职责不仅包括美国政府预算和国债发行等基本职责，其内设机构如境外资产办公室（OFAC）以及金融犯罪执法网络（FinCEN）等还负责金融制裁政策的执行和反洗钱等金融犯罪的执法。美联储、货币监理署（OCC）、联邦存款保险公司（FDIC）以及证券交易委员会（SEC）则作为金融机构主体监管的负责机构对其反洗钱等行为进行日常的现场检查和非现场检查。由于纽约国际金融中心的地位，纽约金融服务局等部门也有权对营业地点位于纽约的金融机构开展日常的反洗钱和金融制裁执行情况的监管检查。

此外，银行等金融机构是美国执行长臂管辖权的重要一环，在功能上实现了美国监管职能的自然延伸（Jesse Van Genugten，2021）。这是由于金融不同于其他行为，金融交易频次极高、参与机构数量庞大，监管部门没有足够的人力物力对所有金融交易和参与机构进行完整跟踪，如果要实现监管规则的落地，使其威慑力不致落空，则必须动员金融机构通过日常交易数据跟踪异常情况，且确保一旦出现异常（涉及或可能涉及被制裁机构或人士）立即冻结资金，向客户明确表示拒绝提供服务，并及时向监管部门报告（一般为10个工作日）交易信息、受制裁对象及其位置、被冻结资产及其位置、资产冻结/交易拒绝时间、资产价值等。[①] 自我报告机制本身依赖金融机构的自主合规，为了确保规则的落地效果，监管部门进一步引入合规程序审查、内部审计、例行现场检查、调查和吹哨人机制等配套机制相互制约，协同发力。

在证券欺诈领域，美国执行长臂管辖权所涉及的机构包括美国证券交易委员会（SEC）、金融监管局（FINRA）、公众公司会计监督委员会（PCAOB）等机构。SEC 负责统筹美国与证券交易相关的绝大多数监管活动，但是由于 SEC 的监管资源有限，无法针对所有行为进行监管，因此 FINRA 作为自律监管组织协助 SEC 进行行业自律性的证券欺诈监管。PCAOB 则是美国上市公司发行证券进行财务报表披露和审计行为的监管主体，因此若证券欺诈涉及财务造假或者审计瑕疵，PCAOB 也有权作为长臂管辖的监管主体进行介入。

在反腐败领域，美国执行长臂管辖权所涉及的机构主要为司法部（DOJ）和美国证券交易委员会（SEC）等部门。一般而言，美国绝大多数反境外腐败的长臂管辖案件由 DOJ 进行管辖。但是对于境外公司在美国上市或者发行证券的情况，若境外公司违反《反海外腐败法》的相关规定，则 SEC 也有权作为证券监管的负责机构对其进行长臂管辖。

## （二）美国各类长臂管辖的执法体系

### 1. 反洗钱和金融制裁领域

#### （1）统筹和监管职责

在反洗钱和金融制裁方面，财政部统筹负责金融制裁相关名单的制定并且从跨境金融交易的角度对金融机构行为进行长臂管辖，美联储（FED）等各类金融监管部门则作为机构监管的主体执行机构监管职责，司法部和纽约

① 沈伟，方荔．美俄金融制裁与反制裁之间的拉锯和对弈——理解金融反制裁的非对称性［J］．经贸法律评论，2023（2）：1–25.

金融服务局等作为执法部门的补充。

美国在执法实践中，往往将金融制裁与反洗钱、反恐怖融资和反扩散融资等事项相结合。追本溯源，反洗钱即为防范为非法活动提供资金融通和合法化的便利，然而这其中的“非法活动”定义则不仅包含了全球公认的毒品走私、人口买卖等国际犯罪活动，还往往包括了各国主观定义的“非法行为”和“恐怖活动”。正是基于这个角度，美国将帮助伊朗、委内瑞拉、朝鲜等国家进行资金融通交易的行为，也列入其制裁范围内的非法活动，进而将其相关的融资行为纳入了反洗钱总体监管框架之内，从而以反洗钱为名施行了事实上的金融制裁活动。

美国财政部 OFAC 负责具体执行美国政府根据外交政策和国家安全等多种目标、而对外进行的经济、金融和贸易制裁。OFAC 所负责的反洗钱和金融制裁执法主要包括两个方面。一是依据美国总统根据《国际紧急经济权利法案》（*International Emergency Economic Power Act*，*IEEPA*）所宣布的国际紧急状态行政命令（Executive Order）进行执法。从 1979 年至今，美国总统签署了超过 50 个行政命令宣布国家针对某项特定威胁进入紧急状态，进而对境外个人、机构乃至国家发动相应制裁。例如，1979 年伊朗人质危机发生时，美国时任总统卡特第一次动用 IEEPA 所赋予的权利，签署 12170 号行政命令宣布国家进入紧急状态，冻结伊朗政府及其下属机构在美国的资产。当前，有约 30 个由美国总统依照 IEEPA 宣布的国家紧急状态行政命令仍处于生效状态中。二是针对特定国家、地区或者组织机构所颁布的制裁法案。美国的立法体系较为灵活，若法案得到民主党与共和党两党共同的认可，则往往可以在短时间内在议会得到通过。因此，美国出于所谓国家安全考虑对外国主体乃至国家进行制裁时，除了通过总统签署行政命令的形式，还可以走国会路线，通过法案的形式予以实现。

如美国在《以制裁反击美国敌人法案》（*Countering America's Adversaries*

*Through Sanctions Act*，*CAATSA*）等法案中，将伊朗、俄罗斯、朝鲜等国家及其国内的金融机构、企业和个人等都列入了制裁名单。OFAC 对以上行为进行查证的方式主要有两种形式：一方面，是与其他部门进行情报交换联合执法。由于财政部 OFAC 是美国对外进行金融制裁执行的主要负责部门，若其他金融监管机构在执行日常检查时发现金融机构有违反金融制裁规定的行为，一般会将信息通报 OFAC，并邀请其共同负责该案件。另一方面，是通过 SWIFT 系统及其他美元清算系统监测情况进行执法。2001 年“911 事件”之后，美国财政部启动了恐怖融资追踪计划（Terrorist Finance Tracking Program，TFTP）。TFTP 计划原先对外公开的意图旨在追踪基地组织等由联合国安理会盖章认定的国际恐怖组织的资金流动，以切断这些组织的恐怖活动资金来源。但是在实践中，美国将 TFTP 的使用范围扩大到了所有受其制裁的机构。通过 TFTP 计划，美国财政部可以了解到 SWIFT 系统中美元资产的流向，从而知晓是否有机构存在为受美国制裁的国家、机构或者个人提供资金的嫌疑。除此之外，OFAC 以及财政部下属的金融犯罪打击网络（FinCEN）也可以通过美元支付清算系统搜集潜在的违反美国金融制裁行为。根据 OFAC 所公布的数据，随着近年对于伊朗和俄罗斯等国制裁强度的加大，2019 年以来 OFAC 所公布的处罚数据有所上升，2019 年全年，美国 OFAC 处罚或者达成和解的违反制裁规定案件共有 26 起，总处罚或者和解的金额达到了 12.89 亿美元。

（2）日常行为检查

美联储（FED）、货币监理署（OCC）、联邦存款保险公司（OCC）、证券交易委员会（SEC）等监管机构则负责履行对于金融机构日常的反洗钱行为现场检查、非现场检查等职责。美联储等金融监管机构作为金融机构的机构监管主要负责人，对于其各自负责的金融机构会依据《银行保密法》（*Bank Secrecy Act*）以及《爱国者法案》等对金融机构开展日常反洗钱监管审查。根据《银行保密法》，FED 等金融监管部门构建了完备的金融机构交易报告和交易记录留存体系，以此来确保监管机构能检查和监测银行是否遵循了反洗钱相关要求、相关交易是否涉及犯罪活动。2001 年“911 事件”后出台的《爱国者法案》则进一步加强了相关监管机构的反洗钱执法力度，一方面将监管机构关注的反洗钱执法行为拓展到了境外业务，加强了长臂管辖的职责；另一方面，提升了非银金融机构的反洗钱义务，由此也将证券交易委员会（SEC）等机构纳入了反洗钱监管的负责主体之中。除了上述这些执行反洗钱和制裁的部门，由于美国的金融监管体系的“伞形监管”架构，地方监管部门也有一定的监管权限，因此纽约金融服务局等地方监管部门也会对金融机构违反反洗钱相关规定进行处罚，但相较于其他全国范围内的监管机构，其处罚案件较少，处罚力度也比较弱。以纽约金融服务局为例，在 2015—2018 年，纽约金融服务局对于反洗钱行为的处罚总额仅为 31.45 亿元。

2. 证券欺诈领域

在证券欺诈领域，证券交易委员会（SEC）统筹负责开展证券欺诈的长臂管辖。对于涉及财务欺诈或者审计有瑕疵的公开发行证券的企业，公众公司会计监督委员会（PCAOB）有权对企业和会计师事务所进行长臂管辖。

证券欺诈领域可能涉及的长臂管辖内容主要包括两个方面。一是涉及发行证券主体的财务欺诈或者审计欺诈行为。对于非公开发行证券的主体财务欺诈或者审计瑕疵等问题，SEC 往往会会同美国金融监管局（FINRA）等进行查处。对于公开发行证券的主体涉及财务欺诈或者审计瑕疵等问题，SEC 则一般会会同 PCAOB 共同进行调查。即使是对于发行主体公司主营业务不在美国或者其公司注册地不在美国的情况，只要其发行的证券在美国设立的证券交易所公开上市流通，SEC 及相关监管机构都有权进行长臂管辖。除了对涉及证券欺诈的发行主体进行退市、罚款等处罚外，SEC 与 PCAOB 还可

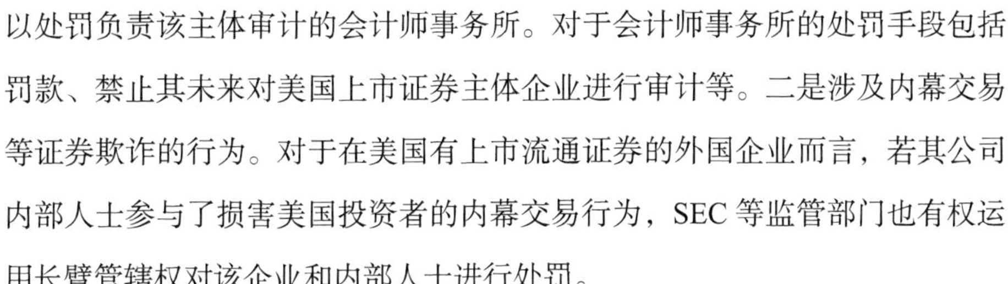

以处罚负责该主体审计的会计师事务所。对于会计师事务所的处罚手段包括罚款、禁止其未来对美国上市证券主体企业进行审计等。二是涉及内幕交易等证券欺诈的行为。对于在美国有上市流通证券的外国企业而言，若其公司内部人士参与了损害美国投资者的内幕交易行为，SEC 等监管部门也有权运用长臂管辖权对该企业和内部人士进行处罚。

3. 反腐败领域

在反腐败领域，美国司法部（DOJ）统筹开展各类长臂管辖活动，若在美国发行证券的企业违反《反海外腐败法》（FCPA），则证券交易委员会（SEC）也有权与 DOJ 联合进行监管。

在美国 DOJ 和 SEC 运用 FCPA 开展反境外腐败的长臂管辖时，一般会涉及两类情况。第一类情况是涉嫌在境外进行腐败活动的主体为美国公民或者在美国注册的公司，或者相关腐败活动在美国境内开展。由于上述腐败活动涉及美国境内的主体，或者交易本身即在美国境内进行，因此 DOJ 无须对其适用长臂管辖，而是可以直接根据法律的域内效力对相关主体进行处罚。第二类情况是涉嫌境外腐败的主体存在在美国全国性证券交易所发行证券的情况。在此情况下，SEC 作为证券主管机构有权介入调查，对这些公司在境外开展的腐败行为开展长臂管辖。这主要是由于该公司在美国交易场所发行了证券，美国投资者在该公司中具有切身利益，若该公司不遵守美国的相关法律，则存在损害美国投资者利益或者将美国投资者的资金用于非法目的的嫌疑。总体而言，对境外公司影响较大的长臂管辖行为主要是第二类情况。在实践中，SEC 在运用 FCPA 对第二类情况进行长臂管辖时，往往会与 DOJ 共同执行调查。近年来，美国监管机构运用 FCPA 开展长臂管辖所涉及的案件数量以及和解金数额都有所上升。2016—2019 年，美国监管机构运用 FCPA 所进行处罚或者达成和解的案件为 73 件，被调查企业所涉及的处罚金或者和解金数额达到了 71.8 亿美元。

## 四、美国长臂管辖的法律瑕疵

如前所述，美国行使长臂管辖权的依据是国内法、但对象是其他国家的国民或发生在其他国家的事件，本身对于其他国家的主权行使就存在干扰。因此，长臂管辖权的行使应当有严格的前提。一般认为，行使长臂管辖权的合理情形可能包含如下几类：第一，以执行联合国安全理事会的决议或实施国际条约、履行国际义务为目的；第二，如系立法管辖权，则应当考量国际礼让原则；第三，如系司法管辖权，则应当确保最低联系标准符合"合理性"的相关要求；第四，如系执法管辖权，则应当确保在立法管辖权划定的范围内行权，符合正当程序原则和适当性要求。但是，根据前文分析，长臂管辖的适用标准在实际运用中具有极大的自由裁量空间，易受法律之外的其他因素影响，最典型的情形就是易与对外政策捆绑（肖永平，2019）。总体而言，目前在美国行使长臂管辖权的过程中，存在以下方面的瑕疵。

### （一）单方面实施经济制裁，无国际法根据

在目前美元霸权的客观背景下，美国以美元为基础实施的经济（金融）制裁几乎有立竿见影的效果。但制裁本身的有效性和合法性并不划等号。根据《联合国宪章》第七章"对于和平之威胁、和平之破坏及侵略行为之应付办法"的相关条款，安理会拥有宪章所赋予的决议制裁的权力，相应地，各个成员国应当在联合国决议的授权范围内、以国际社会整体利益为考量，实施制裁决议。特别是在金融领域，安理会的多份决议均对制裁对象进行了限制，即"为不法行为提供帮助的金融机构"，进行正常金融交易的第三方并不在制裁之列，换言之，从未有成员国自安理会获得实施次级制裁的授权。美国作为联合国宪章的缔约国，其单方面、宽打击的制裁缺乏联合国决议等国际规则和共识的基础，合法性存疑。

以美国对伊朗的经济金融制裁为例。伊核问题所涉及的美国、英国、法国、俄罗斯、中国和德国六国，于2015年7月达成合意，共同签署了《联合全面行动计划》（以下简称《计划》），该《计划》也得到安理会一致通过。《计划》的核心内容为，伊朗以限制核计划为条件，换取国际社会对伊朗制裁的解除。在《计划》的履行过程中，国际原子能机构负责监督检查伊朗的具体履行情况，并定期发布检查报告。报告显示，国际原子能机构研判认为伊朗切实履行了该协议。但是，美国罔顾其他证据，以伊朗未完全履行协议为由，单方退出该《计划》，并实施最高级别的经济制裁[①]。在这一事件中，《计划》的缔约各方采取了截然不同的态度，从当时证据来看，伊朗基本遵守《计划》，在美国单方退出后，伊朗仍继续留在《计划》划定的协议框架中；欧盟方面，法国、英国和德国发表联合声明，对美国退出《计划》表示遗憾，并表态将继续推进《计划》落实。由此可见，美国单方基于国内法发起的经济制裁明显是对《计划》的违反，其对伊朗制裁所依赖的域外立法管辖权在国际法上并无有力支撑。

## （二）不符合正当程序原则

在 *Tiffany*（*NJ*）*LLC v. Qi Andrew* 案中，与上述中行涉古驰案类似，被告涉嫌销售假冒 Tiffany 银饰，被告的客户使用美元结算，并通过 PayPal 向中国境内的银行转账，原告因此要求相关银行“占有、保管、控制”被告在该银行的相关资产和转账等。在 *Tiffany*（*NJ*）*LLC v. Forbse* 一案中，原告同样基于被告涉嫌销售假冒商品的诉由，要求被告的开户银行控制被告在银行的资产，并提供被告的交易记录（石佳友和刘连炻，2018）。更典型的是在 *Gucci America Inc. v. Li* 一案中，美国商标权人起诉中国公民卖假货，由于该

① 肖永平．“长臂管辖权”的法理分析与对策研究［J］．中国法学，2019（6）：39-65.

中国公民通过中国银行清算，美国商标权人要求中国银行纽约分行提供该中国公民在中国银行纽约分行和中国境内各分行的账户开立及交易信息（李庆明，2019）。三起案件均以法院依据纽约州的长臂法规对中国的银行实施管辖告终。

上述三起案件中，虽然中方银行主张了管辖权异议，认为美国法院对中国银行，特别是其境内银行缺乏管辖权，但美国法院在此对分行和子行的概念进行了区分，认为外国银行位于美国的子行，构成独立的法人机构；但外国银行位于美国的分行，是同一法人的分支机构，应当将分行与总行作为一个整体来看待，因此美国法院对于美国分行的管辖权可以延展至该分行的中国境内的总行，并据此要求中国境内的总行提供相关信息。美国法院进一步判定，中国银行通过在美国的代理行完成转账即成立最低联系，但这显然超出了市场一般参与机构的合理预期，使得市场机构需要承担的监管和合规义务过于繁重，有悖于有意利用和合理性标准，这一规制的正当性值得质疑。

此外，在美国制裁中兴通讯的案例中，美国方面采取了强制调整董事会、调查取证、要求派遣美国工作人员驻场等具体措施，也违背了《美国宪法第十四修正案》，与行使执法管辖权时必须遵守的正当程序原则相背离。

## （三）干涉他国内政，对现代国际法原则和规则有失尊重

《联合国宪章》第2条明确表示，各会员国主权平等，不得侵害其他会员国或国家之领土完整或政治独立，自此，“主权平等”和“不干涉内政”被正式确认为国际法的基本原则，是现代国际社会各个国家和地区往来交互的基本共识和文明基石。特别是在当前全球化、一体化的背景下，各国的经济联系和贸易交往都日益密切，国际关系更加错综复杂，叠加信息爆炸的时代特点，当前一个国家的内政问题更有可能成为其他国家甚至国际社会关心的焦点，也让主权平等和不干涉内政原则相比于历史其他时期更加岌岌可

危。美国泛化的经济单边制裁即为此间的具体化表现之一。从目前实践来看，美国所采取的经济制裁往往以国家外交政策为指导，以干涉他国内政、攫取国家利益为目的，被制裁国家是否存在事实上的违反国家法的行为反而并非首要考虑因素。虽然美国的长臂管辖既无国际法依据、也不符合正当程序原则、更是对主权平等和不干涉内政原则的践踏，但都不妨碍管辖权的事实成立。一国域内管辖权之所以能够成立，是因为管辖权是国家主权的自然延伸；而域外管辖权能够成立、或至少事实成立，必须依赖他国的配合和认可。如前文分析，美国长臂管辖的底层逻辑依赖于美元在全球经济金融往来中所扮演的不可替代的角色，以及美元清算系统的强势地位。尽管国际结算货币日益多元化，但应当承认，目前国际绝大多数的贸易和投资活动仍须以美元为结算货币，资金收付信息依靠 SWIFT 系统进行传递。假如一国或该国公司被要求禁用美元或其支付、清结算系统，其实也就意味着被排除在全球一体化的经济金融体系之外。美国正是利用其他国家对于全球经济体系的依赖，以禁用美元和美元体系等经济制裁措施为威慑武器，胁迫他国接受美国的长臂管辖，适用美国国内法。美国的这一实践事实上是对国际法原则和规则的无视，多国在《消除以强制经济措施作为政治和经济胁迫的手段》等联合国文件中亦表明了反对态度。

## （四）缺乏直接司法审查救济制度

从美国国内法律制度设计来看，缺乏金融制裁相关的司法审查救济制度，被制裁的国家、机构或个人也不能申请行政复议或者行政申诉，唯一存在可行性的途径是通过向美国法院提出申请，请求由其对政府行为的合宪性进行司法审查。华为即采取了这一路径。美国在《2019 财年国防授权法案》（*National Defense Authorization Act for FY2019*）中明确禁止政府部门采购华为、中兴通讯等中国企业提供的设备与服务，且禁止政府部门向华为、中兴通讯的客户提供资助和贷款或签署其他合同。华为于当年在美提起宪法诉讼，指称上述规定可能不当限制公权，存在违反禁止立法机关制定褫夺公权法案的可能性，请求法院裁定该法案因违宪而无效。但这一尝试也未能成功，在该案中，法院认为华为并未受到上述法案的惩罚，判决华为败诉（沈伟和方荔，2023）。

同样是以《2019财年国防授权法案》为依据，美国政府明确禁止美国投资者投资小米公司（以下简称小米）等9家在“涉军企业清单”中的中国企业。因此，小米起诉美国国防部和财政部，表示对相关程序合理性提出质疑。小米提出，被列入“涉军企业清单”对任何市场参与机构的日常经营都将造成严重影响，应当在做出相应决定前给予机构调整或整改的机会；但与之相反，小米并未收到任何政府部门送达的相关材料，更无合理机会向国防部、财政部等相关部门作出抗辩陈述，换言之，美国政府对小米“涉军”的性质判断缺少合理的前置程序。小米认为该案存在程序不合理等问题。美国哥伦比亚特区地方法院受理了该诉讼。但在本案中，美国法院支持了小米的请求，撤销了对于美国投资者购买或者持有小米公司证券的限制。[①]可见，中国企业以违宪为由提起司法审查、寻求个案救济虽然有成功案例，但成本高昂，且不具备普遍性。

从程序正义的角度出发，一项制度如果没有相应的权力制约机制，则必然会陷入滥用的漩涡。特别是对于长臂管辖这样一项需要进行相对主观判断是否适用的制度时，有必要设定明晰的限制性条件，这直接决定了该制度是否具有合理性和可行性。目前，缺乏直接的司法审查救济制度是美国长臂管辖制度饱受国际社会质疑的缺陷之一。

① 霍政欣.美国宪法上的褫夺公权法案研究——从“华为诉美国案”展开［J］.行政法学研究，2021（6）：39–55.

CHAPTER 4

# 美国长臂管辖的典型案例分析

第二次世界大战之后，美国逐渐成为全球体量最大的经济体，军事力量、科技水平领跑全球，纽约也成为重要的国际金融中心。随着布雷顿森林体系的建立，美元与黄金进行挂钩，确立了美元的国际货币地位。美元被认为是“硬通货”，成为全球贸易金融活动的主要使用货币，美国金融市场也成为全球企业融资首选之地。美元的国际货币地位，为美国法律对全球施加影响提供了坚实的客观基础。美国依据长臂管辖权，在反洗钱和金融制裁、证券欺诈、反腐败等领域，对其他国家和地区各类主体的交易实施管辖。本章主要以金融制裁与反洗钱相关的长臂管辖案例为基础，对美国长臂管辖对外国主体的影响效应进行分析。

## 一、金融制裁与反洗钱相关的长臂管辖案例分析

### （一）案例一：烟台杰瑞石油服务集团 BIS 制裁及 OFAC 处罚案

2018 年 12 月 12 日，美国财政部 OFAC 发布公告，宣布与中国烟台杰

瑞石油服务集团（以下简称烟台杰瑞）达成和解协议。烟台杰瑞将通过支付277.5万美元民事罚款的方式与OFAC达成和解，OFAC也将放弃对烟台杰瑞进行诉讼或进一步的制裁。在此之前，烟台杰瑞曾被美国商务部制裁，由于美国商务部的长臂管辖权限，烟台杰瑞的进出口业务曾受到了较大的影响。

烟台杰瑞被处罚的原因在于该公司在涉及美国产品和美元的交易中违反了美国对伊朗制裁的法律。根据OFAC公开的资料，2014年10月至2016年3月，烟台杰瑞涉嫌11次违反美国颁布的《伊朗交易和制裁条例》（*Iran Transaction and Sanctions Regulation*，*ITSR*）中第203条和第204条规定，以中国为中间地，向伊朗的最终用户出口或再出口美国原产货物。根据OFAC的调查，烟台杰瑞是在知道或“有理由知道”这些原产于美国的产品最终将被供应给身在伊朗客户的情况下还进行了这些进出口行为。这11次违反ITSR的行为有2次所涉及的货物在离开美国之前被美国海关边境保护局扣押。所涉及的货物包括油田设备，如备件、连续油管管柱和泵套等一系列产品。OFAC在调查中认定，烟台杰瑞并没有自主披露这些违规行为，甚至在美国相关部门开始调查之后还试图对这些行为进行隐瞒。除此之外，2015年1月美国商务部工业安全局（BIS）就烟台杰瑞违反ITSR行为开展调查之后，烟台杰瑞的这些违规行为并没有停止。

由于烟台杰瑞被认定违反了美国对伊朗制裁的法律，且按照“长臂管辖原则”属于美国管辖范围，若烟台杰瑞不与OFAC达成和解，则可能不仅将被民事罚款，还将被列入制裁名单。由于烟台杰瑞在与伊朗的相关贸易中将原产于美国的产品混入了部分其他产地的产品之中，并将其再出口给了受到美国制裁的伊朗，涉及到了美国产品这一“物”的要件，符合伊朗制裁相关长臂管辖的范畴，因此被美国OFAC以及相关机构认定符合美国长臂管辖的管辖范围。根据OFAC认定，烟台杰瑞在违反美国对伊朗制裁法案的同时，还具有向美国监管机构刻意隐瞒和作出虚假陈述、公司管理层明知故犯、多次进行违规行为等情况，因此符合从重处罚的条件。若烟台杰瑞不与 OFAC 达成和解协议并支付罚款，则将必然面临至少 308.3 万美元的罚款金额。

在达成和解协议之前，烟台杰瑞及其下属的部分子公司在 2016 年 3 月已经被美国商务部 BIS 明确列入实体名单（Entity List），相关公司已不能进口涉及美国技术或原产地包括美国制造产品的物品。按照美国对伊朗制裁的相关法案和条例，若烟台杰瑞不主动与 OFAC 和解，则其可能还面临被列入特别指定国民名单（Specially Designated Nationals List，SDN List）等一系列制裁措施。在最严重的情况下，对于被列入 SDN List 的主体，出于审慎考虑，绝大多数西方公司将避免与该类主体进行交易，防止被美国进行长臂管辖制裁；与此同时，被制裁的主体也将无法使用美元支付结算系统进行跨境贸易，从而对其境外业务发展造成极大的影响。根据烟台杰瑞对外披露的年报信息，2016 年和 2017 年来自国外业务的营业收入占到了其所有营业收入的 45% 左右。在对境外业务存在如此大依存度的情况下，相关公司由于违反美国对特定国家或主体的制裁法案，受到美国长臂管辖甚至被列入制裁名单，无疑将对其业务发展造成毁灭性打击。

除了缴纳罚款之外，为了与 OFAC 以及其他美国监管机构达成和解，烟台杰瑞还采取了一系列的整改等措施：一是烟台杰瑞解雇了参与将货物违规运往伊朗的工作人员；二是烟台杰瑞聘请了一家在美国制裁法律方面有着丰富经验的组织对其进行内部审查，并制定了专门的合规方案；三是烟台杰瑞被要求建立专门的国际商业合规部和合规委员会，并针对美国制裁进行专门培训、设置专门的手册。

在烟台杰瑞与 OFAC 达成和解的同日，烟台杰瑞也与美国商务部工业安全局（BIS）达成了相应的和解，同意以支付 60 万美元民事罚款的方式避免 BIS 进一步的调查、起诉和制裁。在此之后，烟台杰瑞此前被列入 BIS 实体名单的子公司和相关主体等也被移出了名单。

在此之前，由于被列入了美国商务部 BIS 的实体名单，烟台杰瑞的进出口业务曾受到了较大的影响。在被列入清单期间，烟台杰瑞不仅难以与美国进行直接的进出口业务，而且由于美国的长臂管辖，烟台杰瑞与其他司法辖区所进行的进出口业务也受到了较大的影响。这是因为，无论是美国商务部还是财政部相关制裁所进行的进出口管制，相关限制不仅局限于直接与美国相关的产品，而且将任何有 25% 以上技术或产品源自美国的其他国家产品也纳入了其中。美国相关部门主要通过控制和调查美国技术和产品的出口终端使用者和使用情况来落实对于产品进出口的长臂管辖。

### （二）案例二：瑞幸咖啡证券欺诈案及《外国公司问责法案》

2020 年 4 月 2 日，在经历了浑水公司曝光其造假行为之后，瑞幸咖啡发布公告承认其在 2019 年第二季度至第四季度期间伪造了 22 亿元人民币的交易额，以及与其相对应的成本和费用。其证券欺诈行为在此后遭到了美国监管机构的处罚并被强制退市，甚至引发了新一轮中概股的信任危机。

虽然瑞幸咖啡的主营业务并非在美国本土开展，但其作为在美国证券交易所上市的公司，受到美国证券交易所等相关机构的监管。瑞幸咖啡采用公开发行美国存托凭证（ADR）的形式在 NASDAQ 上市，虽然其主要业务收入来自于非美国本土的地区，但是其在美国证券交易所上市的前提条件即为遵守美国证券交易相关法律。不过，瑞幸咖啡作为一家异国上市的公司，其上市地点监管机构和法律执行单位对其管辖的边界如何划定，以及跨境监管协调如何开展就成为容易发生争议的问题。

瑞幸咖啡证券欺诈案争议的实质在于美国证券监管相关机构对于外国上市公司审计底稿监管和获取权限的争议。在瑞幸咖啡案之前，2010 年前后曾出现了以中国高速和东南融通为代表的中概股造假丑闻，引发了第一波 SEC 对于中概股财务报表真实性的关注。按照《萨班斯法案》的规定，美国证券交易委员会（SEC）以及负责公众公司审计监管的美国公众公司会计监督委员会（Public Company Accounting Oversight Board，PCAOB）有权对在美上市公司的审计师进行监管，并可调取这些在美上市公司的审计底稿。不过，我国的审计机构依照《保密法》《档案法》以及《关于加强在境外发行证券与上市相关保密和档案管理工作的规定》的相关规定，以涉及保密义务的原因拒绝向境外直接提供相关审计底稿。虽然财政部曾规定，允许境外会计师事务所接受境外委托方的委托对中国境内的企业临时性执行审计业务、出具仅供境外使用的审计报告，相关内容也曾被列入中美战略和经济对话的议题，但当时中美双方未能在审计跨境监管的问题上达成一致。[①]2013 年 3 月，中国证监会开始根据国务院相关精神在不违反我国有关保密法律法规和不损害公共利益安全的前提下，在国际证监会组织（IOSCO）多边备忘录框架下向美国监管机构提供中概股审计底稿，开展审计监管合作。虽然中美双方达成和解，SEC 同意取消暂停国际四大会计师事务所中国境内成员所审计在美上市公司资格的处罚。但是这一和解并不意味着 SEC 放弃直接要求中国审计机构提供审计底稿的权利。2018 年下半年，随着中美关系的恶化以及中概股造假丑闻的再次出现，SEC 主席 Clayton、总会计师 Bricker 以及 PCAPB 主席 Duhnke 以个人名义联合发布了《审计质量和对于审计及国际监管信息获取的重要作用——对于在中国有大量业务的美国上市公司当前信息获取所面临挑战的讨论》声明。声明中表示，虽然国际合作和监管协调有所增加，但美国监管部门仍然面临信息获取方面的挑战，包括涉及外国的隐私和其他数据保护法等。而与中概股相关的最重要的新闻则在于：PCAOB 是否有能力

① 后续，中国证券监督管理委员会、中华人民共和国财政部于 2022 年 8 月 26 日与美国公众公司会计监督委员会（PCAOB）签署审计监管合作协议，将于近期启动相关合作。依法推进跨境审计监管合作，将有利于进一步提高会计师事务所执业质量，保护投资者合法权益，也有利于为企业依法合规开展跨境上市活动营造良好的国际监管环境。https://baijiahao.baidu.com/s?id=1742236908336776180&wfr=spider&for=pc.

检查在 PCAOB 注册，但位于中国的会计师事务所（包括在中国香港但为内地客户服务的会计师事务所）为其在中国有业务的美国上市公司所提供的审计工作。由此，美国监管机构是否有权，通过何种方法长臂管辖这些会计师事务所成为了近期美国长臂管辖权利的又一项重要议题。

瑞幸咖啡证券欺诈案曝光后，2020 年 5 月 21 日美国参议院通过了《外国公司问责法案》（*Holding Foreign Company Accountable Act*），未来中美在涉及证券欺诈的长臂管辖之中的冲突或将更为剧烈。《外国公司问责法案》是《萨班斯法案》的补充，拟要求所有在美国全国性证券交易所公开挂牌交易的企业必须确保为其出具审计报告的会计机构能接受 PCAOB 的全面监督检查，否则必须在挂牌上市三年的过渡期之后退市。目前，受该法案影响的上市公司包括中国、中国香港、法国和比利时的部分上市公司，其中以中国和中国香港有关的“中概股”居多。该法案生效后，除非中美两国之间达成新的跨境监管协议，否则中概股公司将面临全面退出纽交所、NASDAQ 等交易所的风险。

2021 年 3 月，美国证券交易委员会通过了《外国公司问责法案》最终修正案。随着法案生效，未来我国境内企业若希望使其发行的证券在美国司法辖区内公开流通，则需要接受美国证券监督管理部门和相应审计部门的长臂管辖。虽然中美在此前曾签署了相应的备忘录，但《外国公司问责法案》绕过了相关备忘录，直接对证券发行方进行了长臂管辖。若《外国公司问责法案》未能得到修改，那么未来我国企业公开发行的证券若希望在美国市场公开发行、交易，则或将受到美国审计部门的长臂管辖。

### （三）案例三：昆仑银行受美国制裁案

2012 年 7 月 31 日，时任美国总统的奥巴马签署第 13622 号行政命令，授权对伊朗实施额外制裁。同日，基于该行政命令，美国财政部 OFAC 将我国昆仑银行和伊拉克 Elaf 伊斯兰银行列入了“561 清单”（Part 561 List）。2019 年 3 月 14 日，“561 清单”被“CPATA 清单”（List of Foreign Financial Institutions Subject to Correspondent Account or Payable-Through Account Sanctions）所替代。根据该清单要求，美国司法辖区内的金融机构将不能为列入该清单的银行开设代理行账户或通汇账户，并且存量的此类账户应在 10 日内予以关闭。相关的制裁使得昆仑银行无法使用美国所控制的美元支付清算系统，即使是其他银行若要与其开展美元的支付清算往来，即使相关交易不在美国的司法辖区之内，由于美国具有相应的长臂管辖权，也需要承担可能受到美国制裁的风险。因此使得昆仑银行未来涉及美元支付结算相关的国际业务受到了限制。

昆仑银行之所以被美国列入制裁名单，并受到相应的长臂管辖，其主要原因在于昆仑银行与受美国制裁的伊朗 Tejarat 银行进行了交易往来。根据美国财政部所公布的信息，在 2012 年初 Tejarat 银行遭到美国制裁之后，昆仑银行仍为 Tejarat 银行在该行开立的账户进行了数百笔转账交易，涉及金额约合 1 亿美元；同期，昆仑银行还根据 Tejarat 银行开立的信用证，向伊朗伊斯兰革命卫队的一个关联单位支付了一笔款项。虽然美国并未披露昆仑银行在与 Tejarat 银行交易的过程中是否实际使用了美元，但是由于美国对 Tejarat 银行的制裁为“二级制裁”，即无论交易是否涉及美国要素，只要被美国发现与制裁主体发生了交易，则交易的另一方也将受到制裁。

## （四）案例四：华为受美国司法部指控及孟晚舟羁押案

华为技术有限公司受美国司法部指控。2019 年 1 月 28 日，一份 13 页起诉书在美国被解封，该案是纽约东区法院控告华为科技公司、美国华为设备公司、Skycom 技术公司和孟晚舟。2018 年 12 月 1 日，华为首席财务官孟晚舟突然在加拿大温哥华机场被加拿大警方拘留，引起了全球的轰动。孟晚舟的拘留是美国对她提出的引渡请求的结果，理由是她涉嫌违反美国的制裁法律。起诉书指控华为长期违反伊朗制裁，实施银行欺诈、电汇欺诈，违反制裁伊朗相关规定。具体而言，美国政府声称华为参与了一个精心策划的计划，否认其对 Skycom 的实际所有权，美国政府认为 Skycom 是华为在伊朗的子公司。华为向几个受牵连的金融机构说明华为并未违反美国法律，也未违反美国对伊朗的制裁决议。因此，受牵连的金融机构继续为华为提供金融服务，其中至少有一家金融机构向伊朗相关机构或伊朗政府提供了数百万美元的金融服务。华为通过孟晚舟实施了此项计划的一部分。一位受牵连金融机构的高管认为，华为严格遵守了美国的制裁决议，与 Skycom 的关系是正常的“商业合作”。美国政府声称，如果受牵连的金融机构知道华为违反制裁决议的情况，就会重新评估华为这个客户，包括向华为提供美元清算服务。此外，美国政府还认为，华为通过将了解华为与伊朗相关业务的证人转移到中国，并销毁和隐瞒与该业务有关的证据，阻碍了大陪审团的调查。

虽然孟晚舟在加拿大受到加拿大警方羁押，然而事实上加拿大并未指控孟晚舟违反了加拿大法律。加拿大主要是根据美国所提出的司法指控和引渡申请对孟晚舟进行了羁押，而美国的相关指控也是基于其制裁伊朗所延伸出的长臂管辖事项。在此之前，美国对于长臂管辖案件相关负责人的羁押、指控和处罚更多的仅局限于美国境内或美国司法辖区之内。孟晚舟羁押案将美国长臂管辖对于境外机构负责人和员工的羁押权限进一步延伸，拓展到了美国境外，可谓长臂管辖的“长臂管辖”，应引起我国企业和金融机构的重视。

## （五）案例五：法国兴业银行处罚案

2018 年 11 月 19 日，法国兴业银行与美国司法部、纽约金融服务局等多部门达成和解，为免于后续制裁和处罚，缴纳了高达 7.172 亿美元的罚金。

美国政府同意在法国兴业银行遵守《延期起诉协议》的情况下，将起诉推迟三年。美国纽约南区检察官称，从2003年到2010年，法国兴业银行故意违反美国的制裁决议，通过美国金融体系办理涉及古巴的贷款业务，总额达150亿美元。检察官还称，按照普遍做法，法国兴业银行在相关的SWIFT电文中省略了古巴的信息。2012年，美国其他金融机构冻结了两笔法国兴业银行交易。2013年2月，美国金融监管机关开始调查法国兴业银行，法国兴业银行自愿披露了与古巴贷款业务相关的一些交易。《延期起诉协议》还指出，法国兴业银行并未披露古巴的贷款业务。在与美国监管机构进行讨论的过程中，法国兴业银行也未披露涉及古巴的交易。直到2014年10月，法国兴业银行进行了详细的分析后，才开始披露这些交易，并强化其遵守协议决议的方案，进行彻底的内部调查。

2018年11月19日，纽约金融服务局（DFS）对法国兴业银行及其纽约分部处以3.25亿美元的罚款，罚款事由是在2003年至2013年其进行了近130亿次“非法和不透明”交易，交易对手方所在国是受美国禁运或其他方式制裁的国家，如伊朗、苏丹、古巴和利比亚等。尽管其中许多交易可能满足了2008年11月前有效的OFAC例外条款，但DFS称，法国兴业银行以“客户服务置于合规之上”的名义阻碍金融服务局审查这些行为。

在另一份和解协议中，DFS以违反银行保密法和反洗钱法（BSA/AML）规定的缘由对法国兴业银行处以9500万美元罚款。DFS指出，虽然“2009年至2013年，法国兴业银行在改进合规方案方面取得了重大进展”，但“2014年到2017年，法国兴业银行在金融服务局的连续四个检查期内都因其合规问题受到了较差评级”。金融服务局发现，法国兴业银行在纽约的分支机构很难纠正先前检查中反复出现的问题，包括程序测试不足、政策过时以及客户尽职调查协议缺陷等。和解协议除了判处法国兴业银行9500万美元罚款和一系列补救措施外，还要求其根据2017年12月美联储停止和结束指令聘请独立顾问，在18个月内审查其BSA/AML合规方案。此外，金融服务局指出，在审查完独立顾问对银行合规状况所做的报告后，还可能要求兴业银行聘用一名独立监测人员长达两年。

这两份和解协议都提到了法国兴业银行在金融服务局调查期间的“实质性合作”，并指出金融服务局在签署和解协议条款时“对银行优秀表现给予了实质性的重视”。

## （六）案例六：瑞银金融服务公司被 FinCEN 与 SEC 等处罚案

2018 年 12 月 17 日，瑞银金融服务公司（UBS Financial Services）公告被美国财政部金融犯罪执法网络（FinCEN）、美国证券交易委员会（SEC）及美国金融监管局（FINRA）罚款 1450 万美元。罚款中有 500 万美元属于 FinCEN，其余罚款则来自于 SEC 和 FINRA 的相关处罚。

瑞银金融服务公司之所以被处以罚款，主要是由于其被美国相关监管部门认定并未建立完备的反洗钱内控机制。根据 FinCEN 公布的情况，美国监管部门在相关测评中认为瑞银金融服务公司没有在传统的证券经纪账户和银行类似业务（Banking-like services）中，按照监管规则要求建立起合适的、以风险为本的反洗钱监督管控项目。在实际的业务操作中，瑞银金融服务公司也没有执行合适的程序和规则，以至于无法确保监测和报告所有账户之中的可疑交易，特别是对那些交易量特别小的可疑账户。除此之外，对于那些可能用于资金转移而非证券交易的账户，美国监管部门认为瑞银金融服务公司也并没有采取合适的反洗钱监管手段对其进行监督和管控。

瑞银金融服务公司被美国监管机构长臂管辖施以反洗钱处罚的原因主要是其在美国也进行了展业。虽然瑞银金融服务公司本身及其母公司瑞银集团的总部均不在美国，但是作为知名的跨国大型金融机构，其不可避免的也在美国进行了展业。一般而言，在美国设立子公司或分支机构进行展业的金融机构都被要求遵循美国法律，即使其非美国分支机构发生了涉及美国人、财或物的洗钱行为，若被美国监管机构发现，也有可能会面临处罚。而对于未在美国设点的金融机构，由于监管资源的有限性，除非有较为明确的涉及制裁国家或大额的洗钱行为，美国监管机构较少会直接进行反洗钱监管和处罚。但是从管辖权利的角度来看，若相关行为涉及美国相关人、财或物乃至技术，美国都有权进行长臂管辖。

在这起事件中，被处罚的机构并非传统意义上的商业银行，而是主要提供证券经纪服务的非银金融机构，这为非银金融机构可能受到长臂管辖敲响了警钟。根据 FinCEN 就该案处罚进行的通报解释，虽然主营业务为证券经纪的非银金融机构一般只向其客户提供中介等相关服务，但需要建立反洗钱的监控管理项目，开展反洗钱的可疑行为的监测和报告。这是由于这些非银金融机构也需要避免自身成为资金非法流动的渠道，防止成为洗钱犯罪分子从事非法活动的天堂。FinCEN 在检查过程中发现，2004 年至 2017 年，瑞银金融服务公司都未能构建有效的反洗钱监测框架，对于境外的代理账户（Correspondent Accounts）也缺乏足够的尽职调查。在这期间，瑞银金融服务公司为客户开立的证券经纪账户也出现了数百起涉及空壳公司（Shell Company）洗钱活动，但并未监测和上报这些交易。这次事件为非银金融机构和非金融机构由于反洗钱疏漏可能会遭遇美国监管机构长臂管辖敲响了警钟。

## （七）案例七：三家中资银行被美国法院长臂管辖案

2019 年，三家中资大型银行收到美国华盛顿特区法院的传票，要求直接向美国提交可能涉及朝鲜政府在港空壳企业的交易记录。

根据法院判决，若三家中资大型银行不向美国法院提供相关材料，则将被认定为蔑视法庭，并需每日缴纳相关罚金。事实上，根据美国法院的当前判决，并不能认为以上三家银行有任何违反反洗钱相关规定的行为。但是美国法院绕过中美双边合作协议直接向中资银行发送传票的行为，使得中资银行陷入了违反中国国内法或蔑视美国法庭的两难境地。根据2018年全国人大通过的《中国国际刑事司法协助法》第四条规定："非经中华人民共和国主管机关同意……中华人民共和国境内的机构、组织和个人不得向外国提供证据材料和本法规定的协助。"因此，中资金融机构不能在未取得司法部、原中国银保监会等主管部门同意的情况下直接向美国法庭递交交易记录等材料。此前，中美解决相关材料交换的渠道为2000年6月的中美双方签订的《中华人民共和国政府和美利坚合众国政府关于刑事事项司法协助的协定》（MLAA）。根据MLAA，若美国政府希望从中资银行获得相关交易的材料，需要由美国政府向中国政府（司法部）提出请求，中国司法部收到美国请求后作出回应，相关银行通过中国司法机关向美国提供材料。然而，美国政府此次并未选择通过MLAA渠道申请相关材料，而是直接发送传票。根据法院公布的信息，可能有以下两点原因：一是美国政府认为通过MLAA渠道所获的中方支持既缓慢又不完全，并向法院提供了相关材料论证观点，因此法院决定直接向三家银行发送传票，要求其提交交易记录。二是美国法院认为美国的国家安全更为重要，这三家银行对于中国国内法的遵守难以与美国国家安全相提并论；而且参考美国政府提交的部分类似案例，中国政府并不会对国有银行违反相关规定而施以过于严厉的处罚。

三家中资银行之所以遭受美国法庭长臂管辖，有两家是由于在美国设有分支机构，另一家则是美国法院参照《爱国者法案》进行长臂管辖。三家银行中，两家银行在美国设有分支机构，因此美国法院认为其需要遵守美国法律和法院的相关规定。美国法院指出，根据法律规定，任何外国银行在美国建立分支机构前，均需要获得联邦储备委员会的同意。而外国银行在向联邦储备委员会申请时，必须要承诺其"遵守美国相关法律"并"消除对美国金融体系稳定的风险"。由此，法院认为其对于这两家中资商业银行有管辖权限，可以向这两家银行发送传票。而对于另一家在美国没有分支机构的中资银行，美国法院认为按照《爱国者法案》，对其也具有管辖权。根据美国法律规定，为了增强美国对于国际反洗钱和反恐怖融资的预防、侦测和打击力度，美国司法体系和财政部部长可以就外国银行在美国持有的代理账户（Correspondent Account）以及与代理账户相关交易信息有关的内容（包括在美国境外发生的交易）向外国银行发送传票。而根据美国政府提供的材料，疑似朝鲜受制裁公司的账户有嫌疑通过浦发银行在美国相关银行开立的代理账户参与美元交易清算业务。因此按照《爱国者法案》，美国法院也有权对浦发银行发出传票，要求其提交相关材料。

值得注意的是，本案为美国法院第一次按照美国政府要求绕过 MLAA 直接向中资商业银行发送传票。虽然这三家中资商业银行可能在反洗钱方面有瑕疵，但是美国法院绕过 MLAA 直接向中资银行发送传票则将银行陷于要么违反中国国内法，要么蔑视美国法庭的两难境地。两国国内法的冲突唯有通过两国之间的有效沟通得以解决。若这一案例进一步拓展到其他的中资银行或其他案件中，无疑将会对中资银行开展美国及美元相关业务产生障碍。

## （八）案例八：德银违反 FCPA 处罚案

2019 年 8 月 22 日，美国证券交易委员会（SEC）宣布，德意志银行将支付超过 1600 万美元以达成和解协议，这一数额包括 1070 万美元的返还，300 万美元的罚款，以及 240 万美元的预判利息，使德意志银行成为最新一家因违反 FCPA 而受罚的金融机构。

德意志银行被指控的原因在于其雇用外国政府官员的亲属，以不正当的方式影响相关政府官员为其获得相关业务，其中被指控的具体条款是《反海外腐败法》中的会计条款，包括账簿与记录条款和内部控制条款。针对前者，员工伪造账簿和记录的行为掩盖了腐败雇用行为，因其虚假账簿和记录未能准确记录某些相关费用。此外，德意志银行未能围绕其聘用行为设计并维持一套内部会计控制体系，为避免贿赂外国政府官员提供合理保证。

事实上，德意志银行也不是完全没有相应的内部控制制度。早在2009年，德意志银行就制定了全球反腐败政策，禁止员工向政府官员提供“任何有价值的事物”，以获取不正当的商业优势，并且明确定义了“任何有价值的事物”，包括提供工作机会，并承认应客户、潜在客户或政府官员的要求提供工作机会可能违反该行的反贿赂政策。2010年，德意志银行在亚太地区（APAC）颁布了一项书面雇用政策，用来发现和防止其员工向现有或潜在客户推荐的候选人提供临时雇用的行为，以此预防涉嫌腐败。除了亚太地区的招聘政策，德意志银行还有一项全球利益冲突政策，要求管理层和员工识别并管理潜在的利益冲突。在该政策下，员工应该被隔离于产生潜在利益冲突的业务之外。

尽管有这些禁令，在实践中，德意志银行亚太地区的招聘政策并没有有效降低腐败风险。客户推荐绕开了德意志银行高度竞争、基于业绩的招聘流程，而这些“被推荐招聘的对象”（“Referral Hires”）通常不如该行通过正式招聘流程录用的候选人优秀。为了让客户推荐招聘的过程合法化，德意志银行的一些员工甚至起草了部分应聘人的简历，提前向他们提供面试问题和答案，并指导他们如何恰当回答问题，甚至有部分人根本没有参与正常的面试流程就被录用。德意志银行虽然意识到推荐招聘中存在腐败风险，但直到2015年才禁止推荐招聘这一途径，并开始实施全球招聘政策。

SEC在决定是否接受德意志银行的和解要约时，考虑了该公司实施的补救措施及其在调查过程中的配合程度。德意志银行分享了其内部调查过程中发现的事实，并做出了相应的一些努力，包括迅速回应SEC对信息和文件的要求、查明问题和事实、定期提供其内部调查过程中得出的最新事实调查结果、确定关键文件并向委员会工作人员提供事件年表。另外，德意志银行还承诺：加强内部会计控制、在全球范围内加强反腐败合规项目和招聘工作、加强候选人的筛查和反贿赂培训等。德意志银行还对相关地区的人员进行了调整，并大幅加强了合规人员配备。除了这些已完成的补救措施，公司还在继续制定相应政策，以减少横向雇用中的腐败风险，并确保其利益冲突规避政策得到执行。

历史上，不少国际投行、跨国公司等因在亚太地区通过高管子女 / 亲属招聘计划获得相关业务或合同被指控违反 FCPA，例如 Qualcomm、Credit Suisse Group AG、JPMorgan。这些公司最终都与美国政府达成和解。SEC 处罚德意志银行的条款是会计条款（Accounting Provision），具体包括账簿与记录条款和内部控制条款，这是美国执法机关最常用的 FCPA 条款。相比另外一个条款，反贿赂条款（Anti-bribery Provision），执法机关在援引该条款作出处罚时，无须证明贿赂实际发生，只需要证明其对外支付的费用并未真实、准确、详实的记录在财务账簿中即可。实践中，执法机关对财务账簿的认定也是非常宽泛的，这也是为什么会计条款会成为 SEC 进行 FCPA 执法的利器。历史上，有超过 50% 的案件，执法机关仅依据会计条款就作出处罚，并未援引反贿赂条款。由此可见，美国通过 FCPA 对外长臂管辖的条件相对宽松，跨国银行或企业的合规实践应引以为戒。

### （九）案例九：通用电缆违反 FCPA 处罚案

通用电缆公司（General Cable Corporation，GCC）于 2017 年 1 月 5 日宣布，公司已与美国证券交易委员会（SEC）和美国司法部（DOJ）达成协议，结束 SEC 就《反海外腐败法》（FCPA）开展的有关调查以及 SEC 围绕公司 2013—2014 年财务重述所单独开展的会计调查，此前 GCC 被指控违反 FCPA 中的反贿赂条款和会计条款。通用电缆将向 SEC 和司法部支付罚款、追缴金和判决前利息，共计 8230 万美元。公司已与司法部达成不起诉协议，有效期为三年。如通用电缆履行协议中所规定的义务，那么司法部将不对该公司提出后续诉讼。

通用电缆被SEC和DOJ调查的原因之一，在于向外国国有企业的雇员或官员行贿，以获得或保留业务。2003年至2015年间，GCC的子公司向安哥拉、泰国、中国、印度尼西亚、孟加拉国和埃及的外国政府官员支付了大约1900万美元的不正当款项，通过向国有企业销售产品获得了超过5100万美元的非法利润。GCC以销售佣金、回扣、折扣和其他费用的形式，直接向外国政府官员支付这些款项，或通过第三方代理、分销商，由第三方代理或分销商向与国有企业业务有关的外国政府官员支付这些款项。其二，在于缺乏准确、合理详细的文档来反映子公司支付的账簿和记录，不正当地将这些涉贿款项作为合法的业务费用记入其账簿和财务报表中。最后，在于GCC没有对第三方代理商和经销商进行反腐败的尽职调查，也未证明第三方在付款之前已提供相应的服务。

其实，GCC内部早已制定了一项道德准则，禁止其员工向任何人提供或给予违法或不道德的报酬，并特别提到了《反海外腐败法》对GCC及其员工的适用性。准则还禁止向第三方支付其所提供服务合理价值的回报或款项。最后，道德规范还要求GCC确保账簿和记录准确并公正地反映交易，同时通过内部会计控制制度提供合理保证。

美国监管部门认为，尽管GCC的道德准则适用于全球范围内的子公司和员工，但GCC并没有就政策和程序提供足够的指导或培训，以确保遵守《反海外腐败法》。因此，GCC的一些外国子公司缺乏内部会计控制，其员工也没有意识到《反海外腐败法》会适用于他们的业务，更未能针对第三方实体执行反腐败尽职调查，从而增加了腐败风险。

在聘请外部律师进行内部自查后，GCC于2014年1月立即向SEC报告了可能违反《反海外腐败法》的情况。在自查过程中，GCC还自行报告了其他潜在的不正当付款，并定期向相应工作人员通报调查情况。GCC还与监管机构调查人员进行了全面和及时的配合，提供了关于调查主要案件的详细介绍，并迅速制作了所有相关文件和信息（年表、关键文件装订册、采访下载和法务会计分析）。补救措施方面，GCC 已经终止或对参与不当支付的员工采取了纪律处分，GCC 的所有应负责人员都已被替换。2014 年 10 月，GCC 宣布了一项战略计划，战略专项其欧美核心市场，剥离其在非洲和亚太地区的业务。最后，GCC 重组了其合规执行部门，任命了一名首席合规官，直接向 GCC 首席执行官和审计委员会报告。在新的组织架构和合规管理之下，GCC 增强了其对销售和会计人员的合规政策培训，并落实定期评审第三方关系和会计调整的要求，开发了全球信息技术管理系统以期对财务报告进行风险评估和控制，并通过内部审计和外部审计建立了更加完善的合规评估体系。

## 二、美国长臂管辖对于企业和金融机构的具体影响分析

### （一）对企业进出口货物的影响

美国长臂管辖对进出口货物的影响主要来自美国出口管制制度。对于违反相关法律规定的行为，将可能被禁止或限制进出口原产自美国的货物、含有美国生产的零部件或含有美国技术的货物。主要法律依据包括：1979 年《出口管制法》（EAA），EAA 于 2001 年到期后，美国总统一般通过援引《国际紧急经济权力法》（IEEPA）沿用该法。1988 年商务部根据 EAA 制定《出口管制条例》（EAR），详细列出出口管理的原则及各类清单管理内容，主要控制商业、军民两用和不太敏感的军事物品的出口、再出口和转让。2018 年 11 月，美国国会通过《出口管制改革法案》（ECRA），全盘继承以 EAR 为基础的管制措施，通过扩大对出口的定义，涵盖货物之外的科技与信息，并为 EAR 建立永久的法定效力。

当前美国商务部工业安全局（Bureau of Industry and Security，BIS）负责进出口管制的实体清单（Entity List，EL）、被拒绝清单（Denied Persons List，DPL）、未经核实清单（Unverified List，UVL）、军事最终用户清单（Military End User List，MEU）和军事情报终端用户清单（Military-Intelligence End User List，MIEU）等。这些清单中一般不会包括金融机构，且制裁一般也不涉及金融领域。只有当金融机构向相关主体提供资金支持，协助其违反反扩散相关出口限制；或者金融机构明知相关主体将违反美国出口管制还向其提供资金支持的情况，相关金融机构可能才会受到相应的起诉和处罚。具体来看，清单分为以下几类。

一是实体清单（Entity List，EL）。实体清单是美国商务部最常使用的出口贸易管制名单，被列入实体名单的机构将按照美国 EAR 限制其从美国进口相应物品或技术。被列入实体名单的主体包括公司、研究所、政府或其他私人组织等。目前有数百家中国企业或实体被纳入了实体清单。若无 BIS 的许可证，金融机构不得协助其从美国进口物品或技术。

二是被拒绝清单（Denied Persons List，DPL）。对于列入被拒绝清单的人员或主体，BIS 禁止任何人与该清单上的主体进行任何会违反其拒绝令的交易，而且清单中实体将被拒绝给予出口特权，实际意味着列入该清单的主体不能再参与美国出口相关贸易。当前纳入被拒绝清单的中国机构相对较少，金融机构不得在明知其进出口行为涉及美国的情况下，为被纳入 DPL 清单的主体从美国进口物品或技术提供融资支持。

三是未经核实清单（Unverified List，UVL）。对于未经验证清单，被列入的实体将不再适用许可例外的情况，而且需要在出口时进行严格的申报程序。即使对其开展进出口不需要许可证的物件，也需要事先进行最终用途和最终用户的申明。不过相较于实体清单而言，其所受到的进出口管制程度相对较弱。对于被列入 UVL 清单的实体而言，若金融机构在明知其进出口行为将违反美国禁令的情况下还为其相关行为提供融资、支付等一系列金融服务，那么将可能受到美国监管部门的处罚。

四是军事最终用户清单（Military End User List，MEU）。根据美国 EAR 第 744.21（g）条，军事最终用户被定义为："国家武装力量（陆军、海军、海军陆战队、空军或海岸警卫队），以及国民警卫队和国家警察、政府情报或侦察组织；或者其行动或职能旨在《出口管制条例》第 744.21（f）定义的'最终军事用途'的任何实体。"相关实体被纳入军事最终用户清单后，则该实体需获得许可证，方能接收出口管制清单中 Supplement No. 2 of Part 744 of the EAR 所列物项。

五是军事情报终端用户清单（Military–Intelligence End User List，MIEU）。根据 EAR 第 744.22（b），军事情报终端用户被定义为"武装部队（陆军、海军、海军陆战队、空军或海岸警卫队）的任何情报或侦察组织；或国民警卫队。"若实体被纳入军事情报终端用户清单（MIEU），则该实体被限制获得所有 EAR 管制的物项，同时第 744.6（b）（5）增加了对"美国人的活动"的重要额外限制，即满足一定情况下某些不受 EAR 管制的物项同样不能向军事情报终端用户清单（MIEU）提供。

出口物项只要含有美国成分即为管制对象。根据《出口管制改革法案》，将"出口"概念外延扩大解释，不限于传统的以跨境转移为标准的出口，还包括"视同出口"，指美国人在美国境内向外国人泄露受管制技术或软件的行为被视为向该外国人所属国家出口。对"再出口"的控制，管制物项包括境外使用美国技术、软件或美国原材料直接生产的外国产品，还包括含有一定比例美国原产管制物项的外国成产品的再出口。简言之，只要出口物项含有美国成分（产地、原料、成品、软件、技术），无论其物理所在地在何处，都将受到出口管制制度的约束。我国企业曾经被美实施出口管制。2019 年 5 月 15 日，特朗普签署总统令，宣布进入国家紧急状态，允许美国禁止被

“外国对手”拥有或掌控的公司提供电信设备和服务，试图切断华为供应链。2019年5月21日，将华为及其非美国附属68家公司纳入实体清单。2019年6月24日，将中科曙光等5个实体添加实体清单中，禁止其从美国供应商采购零部件。

有企业因进出口涉美货物而被美国政府实施长臂管辖纳入金融制裁。正如上文所述，在对涉及伊朗的制裁中，由于中国烟台杰瑞石油服务集团（以下简称“烟台杰瑞”）在与伊朗的相关贸易中将原产于美国的产品混入了部分其他产地的产品之中，并将其再出口给了受到美国制裁的伊朗，就涉及到了美国产品这一“物”的要件，符合伊朗制裁相关长臂管辖的范畴，因此烟台杰瑞被美国OFAC以及相关机构认定符合美国长臂管辖的管辖范围。2018年12月12日，美国财政部OFAC与烟台杰瑞达成和解协议，烟台杰瑞支付277.5万美元民事罚款。除了缴纳罚款之外，为了与OFAC以及其他美国监管机构达成和解，烟台杰瑞还采取了一系列的整改等措施，包括解雇参与将货物违规运往伊朗的工作人员，聘请美国有关单位开展内部审查并制定专门合规方案，被要求建立专门的国际商业合规部和合规委员会等。

此外，金融制裁中也有涉及对进出口货物实施管制相关内容。美国于2020年7月14日签署所谓的“香港自治法案”。在该法案中就有一条涉及对进出口货物实施管制的措施，明确限制向金融机构出口、再出口和转让受美国管辖的商品、软件和技术。

## （二）对支付结算的影响

切断国际支付结算渠道是美国实施金融制裁的重要手段。美国金融制裁的实施渠道包括银行等国际金融机构，以及SWIFT、CHIPS（纽约清算所银行同业支付系统）等美元支付和结算通道，这些既是具体执行金融制裁的主体，也是OFAC的主要监管对象。根据SDN List，美国金融机构监控并探知违反或可能违反金融制裁规定的金融行为，一旦发现必须冻结相关资产或者拒绝提供交易服务，并且在10个工作日内向OFAC报告账号户名、资产所在地及价值、被冻结或拒绝时间、支付请求图像以及该项资金被转入冻结账号的确认信息。如果某一金融机构没有阻止违规行为并向OFAC报告，情况一经查实，将被警告、遭受民事处罚甚至面临执法机构提起的刑事诉讼。

对于金融机构而言，可能面临被列入制裁名单，进而导致不能开展美元结算等严重后果。若与受制裁的高风险国家金融机构开展资金往来，则也有可能受到美国的长臂管辖。2008年11月，美国升级对伊朗进入美国金融系统的限制，禁止美国的银行与代表伊朗银行处理交易的外国银行开展任何交易。2012年，美国迫使SWIFT停止为伊朗金融机构提供清算报文服务，全面切断伊朗的对外交易，对伊朗金融稳定造成极大冲击。2011年至2015年，美国对伊朗的制裁，导致伊朗经济萎缩20%，石油产出下降约25%。对中资金融机构来讲，也存在被美国列入制裁名单、禁止使用美元支付清算系统开展美元交易的可能，此前昆仑银行由于涉及伊朗的贸易被美国实施长臂管辖已受到相应的影响。更为严重的是，由于全球绝大多数商业银行很难不使用美元支付清算系统，若中资银行被列入美国制裁名单，绝大多数境外银行将不敢与该行进行交易，从而大大限制了被制裁的中资银行国际业务的发展。

目前，被制裁国家试图寻求替代机制应对美国金融制裁，但实际效果有限。为应对美国的金融制裁，尤其针对金融机构切断美元支付清算的制裁措施，德国、英国和法国于2019年1月宣布建设支持贸易往来工具（INSTEX）与伊朗进行商贸结算，以寻求逐步摆脱对SWIFT以及美元的依赖。但从实际效果看，目前此类替代机制并不能完全解决与伊朗贸易相关的制裁问题。

俄罗斯央行自2014年启动本国的金融信息交换系统，旨在代替SWIFT。自2022年2月21日起，俄乌冲突爆发并不断升级，美国和欧盟等对俄罗斯发起多轮制裁，并启动了切断SWIFT、限制央行资产交易等极端金融制裁手段。俄罗斯接连出台一系列应对措施：一是缓解资本外流和汇率贬值压力，充分利用政策利率调整、黄金购买、外汇管制、贸易结算去美元化等多种手段。二是稳定国内经济金融市场，采取宽松的货币政策与财政政策，同时加大对证券市场的干预。三是持续推进俄罗斯央行金融信息传输系统（SPFS）等非美融资渠道，并采取了缓解外债压力等措施。四是在非金融领域推出多方面应对举措，主要包括：限制原材料、粮食等关键商品出口，提高石油出口关税；增强国产替代能力，免除对不友好国家知识产权的限制；严控舆论和信息传播；对不友好国家的高官及精英进行反制裁等。其中，“卢布结算令”反制手段效力较为显著。一是俄罗斯在能源领域具有不可替代性。根据英国石油公司公布的2021年《BP世界能源统计年鉴》，俄罗斯是世界能源大国，拥有丰富的油气和煤炭等能源，在世界能源市场拥有无可或缺的地位①。俄罗斯能源在欧洲国家能源供给中占据重要地位，欧盟所需天然气大约40%从俄罗斯进口②。二是俄罗斯可能继续推出强化卢布地位的举措。俄方关于在

① 根据《BP世界能源统计年鉴》，俄罗斯石油储量约占世界储量的6.2%，位居世界第六；原油和凝析油产量名列世界第二。俄罗斯天然气储量约占世界储量的19.9%，位居世界第一；产量名列世界第二。煤炭约占全球可采储量的17.2%，位居世界第二，同时是世界第六大产煤国，第三大煤炭出口国。

② 2022年4月3日，斯洛伐克表示愿意使用卢布购买俄方天然气，成为第一个同意的欧盟及北约成员国。不仅是欧洲，美国也在“疯狂”购买俄罗斯石油。尽管美国总统拜登2022年3月8日就签署禁令禁止从俄罗斯进口石油、天然气等能源产品，美国财政部随即规定相关产品最后交易期限为2022年4月22日，但美国企业一直加速石油进口，以规避未来原油价格上涨的风险。根据美国能源信息署（EIA）发布的报告，2022年3月19日至25日，美国从俄罗斯进口的石油数量比前一个星期增加了43%。

出口其他大宗商品交易中使用卢布结算的表态表明[①]，俄罗斯可能继续推出强化卢布地位的举措。从俄罗斯公布的交易细节看[②]，卢布结算的交易机制具备可行性：外国买家在俄天然气工业银行开设外币账户和本币（卢布）账户后，将欧元等购买款汇入外币账户，银行减记付款方外币账户的外汇、增记相应的卢布到其本币账户，然后将卢布支付给天然气供应商。此模式下，付款方仍有权选择支付币种，同时俄罗斯获得了未在制裁之列的外汇收入。

总体来看，“卢布结算令”等反制裁手段加强了俄罗斯金融主权，通过缩短境外交易链条以降低未来被制裁的风险暴露，同时提振了卢布需求，增强市场对卢布的信心。更为重要的是，该举措也开启了用其他货币结算国际大宗商品的先河，可能对国际贸易结算体系，甚至是国际货币体系产生深远影响。但是，相关举措尚无法完全对冲制裁影响。虽然俄罗斯较好地缓解了资本外流和汇率贬值压力，并在一定程度上稳定了国内金融市场，但本土SPFS系统对SWIFT的替代作用有限，俄罗斯主权债务违约风险仍然存在，长期经济发展态势承压。

① 2022年3月30日，俄罗斯国家杜马（俄罗斯联邦会议的下议院）主席沃洛金呼吁包括化肥、粮食、原油等所有俄出口商品都应该用卢布结算。

② 克里姆林宫网站信息显示，自2022年4月1日起，对俄罗斯“不友好国家和地区”企业应当先在俄罗斯银行开设卢布账户，再经由此账户支付所购俄罗斯天然气。此次未被列入西方制裁名单的俄天然气工业银行被列为授权银行。该银行将为外国买家分别开设外币和卢布两个账户。外国买家可完全按照合同条款并以其选择的货币将天然气付款转移到授权账户，银行随后将该账户的外币兑换成卢布，贷记到买方的卢布账户，然后将资金转移到天然气供应商。俄方的交易细则强调，该细则只是引入了新的结算程序，以便俄罗斯供应商可以在当前获得付款，并没有改变支付货币的形式，买家将继续以他们选择的货币进行支付。同时，俄方也强调，此次新规也没有与西方当前对俄罗斯的制裁相抵触。与俄罗斯的石油出口相比，俄罗斯天然气出口没有受到西方制裁，另一方面俄罗斯交易货币卢布以及作为授权银行的俄天然气工业银行也不是西方制裁的对象。因此，俄方认为，这一结算形式符合合同的规定，同时也使得法令得到落实。

## （三）对企业和金融机构融资信贷相关的影响

按照《国家紧急经济权利法》（IEEPA）等一系列法律规定，美国在反洗钱与金融制裁、证券欺诈、反腐败等方面对美国域外企业和金融机构的长臂管辖，会对这些企业和金融机构的对外投融资行为和资金往来等产生负面影响。

在反洗钱与金融制裁方面，美国主要通过总统根据IEEPA签署的行政命令（Executive Order）和议会通过的各类特定法案开展制裁。其中，由于总统根据IEEPA签署行政命令开展金融制裁的路径灵活程度较高，因此该路径为美国对外开展金融制裁的主要方式和首选项。IEEPA规定，美国总统签署行政命令宣布进入针对特定威胁的国家紧急状态（National Emergency）之后，美国可以采取的措施包括调查、管制甚至禁止威胁到美国安全的人员、企业、金融机构甚至国家在美国司法辖区内与银行业机构开展支付或信贷业务。更进一步的，美国还可以冻结这些人员、企业和金融机构在美国司法辖区内的各类资产。由于美国在金融制裁和反洗钱方面的长臂管辖，因此该定义中的“美国司法辖区”不仅包括了美国域内的金融机构，还包括了美国金融机构的分支机构，以及涉及美元或美国雇员的任何信贷及投融资交易。

美国长臂管辖将对美元或美国雇员的任何信贷及投融资交易产生影响。若个人、企业或金融机构受到美国的长臂管辖和金融制裁，在信贷和投融资交易方面的主要影响包括：一是与美国相关的金融机构无法对其进行授信，受制裁主体难以使用美元进行金融交易。无论是个人、企业还是金融机构，一旦受到美国长臂管辖的金融制裁，则美国境内金融机构、美国金融机构的境外分支无法对其开展各币种的授信支持，全球范围内不希望被美国制裁的金融机构也不会对受制裁主体开展美元授信。由此，受美国制裁的主体由于长臂管辖的原因，将难以获得美元授信支持，进而其跨境经济、金融交易也将受到严重的负面冲击。以此前受到美国制裁的昆仑银行为例，由于难以与美国金融机构开展授信合作和使用美元进行金融交易，因此其国际贸易结算业务只能局限于较小的范围。二是其所发行的债券、股票等投资标的无法被美国投资者所购买，投融资活动受到较大阻碍。无论是在美国境内的市场，还是美国域外的金融市场，美国政府均有权阻止美国投资者和来自美国的资金购买受制裁主体所发行的债券、股票等各类融资工具。由于美国的长臂管辖，若受制裁主体希望在美国域外金融市场发行以美元计价的融资工具，也无法使用美元支付结算系统。甚至如果美国对该主体施加了“二级制裁”（Secondary Sanction），则所有购买了受制裁主体在任何市场发行的融资工具或帮助受制裁主体进行任何币种融资的机构，都将受到美国长臂管辖，面临着罚款甚至是制裁。以此前受到美国制裁的伊朗部分企业和银行为例，由于遭受了美国制裁的长臂管辖，这些主体难以参与国际金融市场，既无法在国际上发行融资工具、也难以参与其他国际金融市场投融资活动。

在证券欺诈方面，受美国长臂管辖的企业在美国上市的证券面临强制退市的风险。以瑞幸咖啡案为例，虽然其主营业务并非在美国本土开展，但其作为在美国上市的公司，受到 SEC 等一系列相关机构的监管。瑞幸咖啡证券欺诈案争议的焦点不在于欺诈行为本身，而在于美国证券监管相关机构对于外国上市公司审计底稿监管和获取权限。按照《萨班斯法案》中规定，美国证券交易委员会（SEC）以及负责公众公司审计监管的美国公众公司会计监督委员会（Public Company Accounting Oversight Board，PCAOB）有权对在美上市公司的审计师进行监管，并可调取这些在美上市公司的审计底稿。不过，此前我国的审计机构依照《保密法》《档案法》以及《关于加强在境外发行证券与上市相关保密和档案管理工作的规定》的相关规定，以涉及保密义务的原因拒绝向境外直接提供相关审计底稿。2013 年 3 月，在国际证监会组织（IOSCO）多边备忘录框架下，证监会开始向美国监管机构提供中概股审计底稿，开展合作。虽然中美双方达成和解，SEC 同意取消暂停四大会计师事务所中国境内成员所审计在美上市公司资格的处罚。但是这一和解并不意味着 SEC 放弃直接要求中国审计机构提供审计底稿的权利。

2018 年下半年，随着中美关系紧张，以及中概股造假丑闻的再次出现，SEC 主席 Clayton、总会计师 Bricker 以及 PCAOB 主席 Duhnke 以个人名义联合发布了《审计质量和对于审计及国际监管信息获取的重要作用——对于现有主营中国的美国上市公司相关信息获取所面临的挑战》声明。其中提到，虽然国际合作和监管协调有所增加，但美国监管部门仍然面临信息获取方面的挑战，包括涉及外国的隐私和其他数据保护法等。如前所述，《外国公司问责法案》作为《萨班斯法案》的补充，要求所有在美国全国性证券交易所公开挂牌交易的企业必须确保为其出具审计报告的会计机构能接受 PCAOB 的全面监督检查，否则必须在挂牌上市三年的过渡期之后退市。

### （四）对企业和金融机构雇员的刑事追责

依据美国的现行法律，其各方面的长臂管辖权除了对企业、金融机构等的经营造成多方面的负面影响，美国执法机构还可以对企业和金融机构的雇员开展相应的刑事追责。

在反洗钱和金融制裁方面，若企业和金融机构被美国政府认定违反相关制裁规定，则美国相关部门或也将有权对违反规定的主要责任人等企业雇员开展刑事追责。如上文所述的孟晚舟被羁押事件，其被拘留的主要原因在于美国认为华为长期违反美国对伊朗的制裁，并且实施了银行欺诈和洗钱活动，包括电汇欺诈等，而美国政府认为孟晚舟作为华为的首席财务官应对这些事项负责。值得注意的是，该案例显示，美国运用长臂管辖对企业或金融机构的雇员进行刑事追责的羁押地点也可以不限于美国本土范围之内。由于此前加拿大和美国签署有相关的引渡条约，且同样也有相关针对伊朗的制裁，因此美国政府可以申请加拿大政府协助其运用长臂管辖权将孟晚舟进行羁押。

在反境外腐败方面，若企业和金融机构被美国政府认定违反了 FCPA，则美国相关部门有权对违反规定的主要责任人等企业雇员开展刑事追责。美国司法机构可以通过前期的秘密调查搜集该企业和高管违反 FCPA 的相关证据，最后在该高管毫不知情的情况下将其逮捕，并以此为胁迫，使得该企业与美国政府达成和解，缴纳巨额罚款，或者满足其他要求。美国相关部门通过 FCPA 对企业雇员进行刑事追责的最著名案例为美国司法部对阿尔斯通高管皮耶鲁齐的羁押。根据美国司法部调查，皮耶鲁齐应对此前阿尔斯通公司的部分亚洲项目的招投标腐败行为承担一定的责任，因此在皮耶鲁齐踏足美国之时，便对其进行了刑事羁押。美国政府通过 FCPA 对皮耶鲁齐开展长臂管辖的主要原因在于，FCPA 将反境外腐败的范畴拓展到了任何与美国具有最低联系的领域，阿尔斯通部分亚洲项目的贿赂使用了美元并通过美元支付结算体系进行，除此之外阿尔斯通行贿的项目也与美国公司发生了竞争。

### （五）对企业和金融机构的巨额罚款和审查

由于美国特殊的司法体制，美国法律流程中允许控辩双方在法院审结案件之前达成和解协议。各类受到美国长臂管辖调查的主体从而也可以通过缴纳罚金、改善公司治理机制等方式与美国执法机构达成和解。虽然这种方式避免了美国长臂管辖对各类主体的进一步损害，但是巨额罚款等惩罚性措施无疑也加重了企业的财务负担。

在反洗钱和金融制裁方面，通过缴纳巨额罚款达成和解。美国借由美元的国际货币地位，以其长臂管辖权和上文中对于各类主体的影响作为威胁，使得不少受到美国调查的主体只能通过缴纳巨额罚款达成和解，以避免进一步受到美国制裁。若受到美国各种类型的经济、金融制裁，将会对个人、企业和金融机构等各类主体在进出口货物和技术、使用信息技术和服务、美元支付结算、融资信贷，甚至刑事追责等方面受到各类的阻碍和打击。因此，绝大多数主体为了避免遭遇美国的制裁，往往会选择在美国相关部门对其开展调查时或美国对其的制裁进一步加强之前选择缴纳巨额罚款，与美国相关部门进行和解。如上文所述的烟台杰瑞案，美国商务部工业安全局（BIS）认为烟台杰瑞公司以中国为中间地，向伊朗的最终用户出口或再出口美国原产货物的事件开启调查，并于 2016 年 3 月将烟台杰瑞公司列入实体清单（Entity List）。在此之后，美国财政部 OFAC 继续对烟台杰瑞调查。若 OFAC 最后的调查成立，则烟台杰瑞还可能被列入特别指定国民名单（SDN List）。在最严重的情况下，对于被列入 SDN List 的主体，出于审慎考虑，绝大多数西方公司将避免与该类主体进行交易，防止被美国进行长臂管辖制裁；与此同时，被制裁的主体也将无法使用美元支付结算系统进行跨境贸易，从而极大地影响相关主体境外业务的发展。因此烟台杰瑞最后通过缴纳 277.5 万美元民事罚款的方式与 OFAC 达成和解协议。除了缴纳罚款，烟台杰瑞还需采取解雇相关工作人员、聘请第三方律所进行审查等相关措施。除此之外，较为典型的案例还有中兴通讯缴纳巨额和解金等案件。

在境外反腐败方面，缴纳巨额罚款达成和解也是通常选择。为了避免被美国执法部门起诉进而招致更大的罚款和巨额的合规成本，被美国相关部门进行反腐败调查的主体往往也会选择主动缴纳巨额罚款以提前达成和解。如上文所述的德意志银行案，2019 年 8 月，德意志银行与美国证券交易委员会（SEC）达成和解，通过缴纳 1600 万美元以和解 FCPA 相关指控。德意志银行被指控的原因在于其雇用外国政府官员的亲属，以不正当地影响相关政府官员，从而为其获得相关业务。

美国长臂管辖造成的法律冲突也会使相关主体遭受损失。除了达成协议的正式和解金或罚款，由于美国运用长臂管辖权造成的不同司法辖区间法律的冲突，也会使得相关主体遭受财产损失。如上文所述的案例，2019年，三家中资大型银行收到美国华盛顿特区法院的传票，要求这三家银行直接向美国提交可能涉及朝鲜政府在中国香港空壳企业的交易记录。根据法庭判决若三家中资大型银行不向美国法院提供相关材料，则将被认定为蔑视法庭，并每日缴纳相关罚金。美国法院的上述举动，运用长臂管辖权，绕过中美双边合作协议直接向中资银行发送传票，使得中资银行陷入了违反中国国内法或蔑视美国法庭的两难境地，进而不得不遭受罚款。根据2018年全国人大通过的《中国国际刑事司法协助法》第四条规定："非经中华人民共和国主管机关同意……中华人民共和国境内的机构、组织和个人不得向外国提供证据材料和本法规定的协助。"因此，中资金融机构不能在未取得司法部、原中国银保监会等主管部门同意的情况下直接向美国法庭递交交易记录等材料。此前，中美解决相关材料交换的渠道为2000年6月中美双方签订的《中华人民共和国政府和美利坚合众国政府关于刑事事项司法协助的协定》（MLAA）。根据MLAA，若美国政府希望从中资银行获得相关交易的材料，需要由美国政府向中国政府（司法部）提出请求，中国司法部收到美国请求后作出回应，相关银行通过中国司法机关向美国提供材料。然而，美国政府此次并未选择通过MLAA渠道申请相关材料。根据法院公布的信息，其原因为美国政府认为通过MLAA渠道所获的中方支持既缓慢又不完全，并向法院提供了相关材料论证观点，因此2017年12月法院决定直接向三家银行发送传票，要求其提供交易记录。然而，事实上，根据美国法院的当前判决，并不能认为以上三家银行有任何违反反洗钱相关规定的行为。

## （六）"一级制裁"与"二级制裁"的影响差异

上文已就美国对外长臂管辖对企业和金融机构的不同方面的影响进行了详细的阐述。事实上，美国各领域长臂管辖对美国域外企业和金融机构的具体影响还有着管辖范围的差异。以反洗钱和金融制裁领域为例，根据美国对涉案企业或个人是否具有直接管辖权的差异，美国的制裁方式可以分为一级制裁（Primary Sanction）与二级制裁（Secondary Sanction）。

一级制裁（Primary Sanctions）所能管辖主体针对的是美国境内的个人及企业等实体以及美元清算系统。一级制裁主要限制这些美国境内的实体不得与受制裁的主体开展几乎所有的贸易、经济和金融交易，其前提条件为交易主体是"美国主体"或所涉交易具有美国因素。对于"美国主体"的定义，此前美国在《伊朗贸易制裁规则》（Iranian Transactions and Sanctions Regulation）曾有相关解释。一般认为，以下三类人被认为具是"美国主体"：一是美国公民或具有美国永久居留权的自然人、注册于美国的企业（包括非美国企业的美国办公室和子公司）；二是美国个人或实体拥有或者控制的第三国企业；三是在进行违规交易时出现在美国境内的个人和企业。被认定为符合以上三种情形之一的个人和实体受美国财政部 OFAC 一级制裁管辖。

一级制裁可基于最低限度联系原则开展。对于"所涉交易具有美国因素"的定义，一般按照长臂管辖权中对于"最低限度的联系"的定义，即主要来自于"人""财""物"三个方面与美国的联系。以反洗钱、反恐怖融资案件为例，只要相关案件涉及到了来自美国的人员，或者以美元交易，或者使用了美元清算系统（包括使用美国境内银行的代理账户等），或者涉及到购买含有美国产出部件或使用美国技术的物品，那么，美国法院即认为对该案享有相应的长臂管辖权。考虑到美国金融系统也属于该范畴之列，因此若金融机构向部分受制裁主体提供了涉及美元支付清算系统的违反美国制裁的交易行为，则金融机构即会被认为违反了美国一级制裁的相关要求，可能受到 OFAC 的处罚。

二级制裁可以管辖与受制裁主体开展并未涉及美国人、美国金融体系和美国产品的交易。一级制裁的长臂管辖须与美国产生“最低限度的联系”，需要涉及美国相关的“人”“财”“物”，而二级制裁的施行则可以管辖和制裁那些与受制裁主体开展没有涉及美国人、美国金融体系和美国产品的交易。以美国撕毁《伊核协议》后对伊朗部分主体施加的二级制裁为例，美国不仅可以禁止全球范围内所有金融机构（不仅限于美国司法辖区内金融机构）为伊朗政府购买或获取美国银行票据、美元等提供协助、赞助或相关服务，还可以禁止与伊朗开展能源（包括石油）或相关原材料交易、禁止大额使用伊朗里亚尔货币进行的交易、禁止为伊朗中央银行和相关金融机构提供专业金融通信服务（如 SWIFT），甚至还禁止第三国主体购买、认购或协助发行伊朗主权债务。一言以蔽之，在此情况下，被列入二级制裁的主体面临着直接被驱逐出国际金融贸易体系的风险；而金融机构只要与这些受二级制裁主体开展相关交易，即使不涉及美国籍雇员、未使用美国金融系统，也有可能被美国处罚。

二级制裁名单内的主体较少，且在实际执行时美国也存在一定取证困难。首先，并非所有受美国制裁的主体都受到二级制裁，只有在制裁名单中被专门标注受二级制裁的部分主体才受到美国二级制裁的限制。以美国 OFAC 公布的 SDN List 为例，截至 2023 年 7 月末，SDN List 中主体超过 12000 个，其中仅有 29% 左右受到二级制裁。其次，由于二级制裁的管辖范围宽广，美国难以在其管辖范围内直接搜集到相关证据，往往只能通过多种迂回方式搜集证据，因此执行难度大，一般只有在认定要起诉特定机构时才会搜集证据进行起诉。

## 三、美国长臂管辖的影响分析总结

正如前文所述，美国长臂管辖主要涉及三个领域：反洗钱与金融制裁、证券欺诈、反腐败。如美国对我国实体实施长臂管辖，那么上述三个领域的长臂管辖将会对我国金融机构和实体企业产生不同影响。

## （一）反洗钱与金融制裁的长臂管辖

美国对反洗钱与金融制裁对于中资金融机构和企业的影响范围最大，同时可能造成的后果也最为严重。

反洗钱与金融制裁相结合。正如前文所述，反洗钱所打击的对象是非法的资金交易活动，但是具体的“非法”定义除了国际社会公认的犯罪行为之外，往往还包括了各国出于国家安全或政治目的而囊括在内的制裁等。而由于美元是全球贸易金融的主要货币，其运用制裁等手段达到本国目的的频率更高。总体而言，美国在执行反洗钱法律时常常会运用长臂管辖权，将符合其自身政治目的的国家、企业、金融机构和个人列入反洗钱、反恐怖融资、反扩散融资的打击范畴。

对于中资实体企业而言，可能面临罚款或被列入被制裁名单。美国的反洗钱和制裁措施阻碍了企业与美国所认为的部分高风险国家（朝鲜、伊朗、委内瑞拉、俄罗斯等）的贸易往来，提高了相应的合规成本。若中资企业与高风险国家受制裁主体进行了美元结算的贸易，则其有可能被美国通过SWIFT 系统追查，并受到财政部 OFAC 办公室的追责，相关处罚轻则为罚款，重则可能将中资企业列入 SDN List 等美国制裁名单，使得境外大部分企业不敢与该中资企业开展直接甚至间接的贸易往来。

对于中资金融机构而言，可能面临被列入制裁名单，不能开展美元结算等后果。若与受制裁的高风险国家金融机构开展资金往来，则也有可能受到美国的长臂管辖。在此情况下中资金融机构也存在被美国列入制裁名单、禁止使用美元支付清算系统开展美元交易的可能，此前昆仑银行由于涉及伊朗的贸易被美国长臂管辖即属于这种情况。更为严重的是，由于全球绝大多数商业银行难以绕开美元支付清算系统，若中资银行被列入美国制裁名单，那么绝大多数境外银行也将不敢与该中资银行进行交易，从而大大限制了被制裁中资银行跨境开展国际业务。

此外，中资银行还面临被要求提供国内客户相关资料等问题。随着中美经贸摩擦的演进，美国对于中资银行的长臂管辖又出现了新的模式。2019年，美国法院由于怀疑中资银行协助受制裁的朝鲜主体开展资金交易，因此绕过了中美跨境监管协调机制，实施长臂管辖，直接要求中资银行向美国法庭提供交易材料，进而造成了我国国内法与美国国内法的冲突，使得中资商业银行陷入两难境地。参考俄罗斯等国此前的经验，若未来中美经贸摩擦加剧甚至升级，中资商业银行将不仅可能由于与受制裁主体开展交易被制裁，甚至有可能直接被认为由于危害美国安全而被列入制裁名单。在此情况下，中资大型银行的跨境交易和境外业务将受到重大影响。不过考虑到这一措施的影响巨大，对美国也将产生重大负面影响，因此只有在中美经贸关系发生脱钩或出现重大事件冲击时才有可能发生。

## （二）证券欺诈的长臂管辖

美国对证券欺诈相关的长臂管辖主要影响的是在美国交易场所上市交易的中资企业。

随着2018年中美贸易摩擦的加剧，以SEC为首的美国证券监管机构重新开始重视“中概股”的财务造假问题。2020年发生的瑞幸咖啡财务造假事件，进一步将“中概股”潜在的证券欺诈和财务造假问题置于聚光灯之下。类似于上文中所提到的银行领域中美跨境监管协调问题，在证券财务审计领域中美之前也存在着相应的跨境监管协调问题。按照《萨班斯法案》要求，SEC及负责公众公司审计的公众公司会计检查委员会（PCAOB）有权对上市公司的会计师事务所进行审查监管，并获取工作底稿。但是参照我国法律，相关会计师事务所并不能直接将“中概股”的审计底稿提交给美国监管部门。虽然此后中美监管机构达成了暂时性的跨境监管协调共识，但事实上并未从根本上解决这一问题。因此，若美国监管机构决定绕开此前所达成的中美监管协调机制，直接运用长臂管辖权，要求“中概股”上市公司及其审计机构提交审计底稿，则相关机构将面临违反中国国内法或违反美国国内法的两难境地。

在此状况下，相关企业和会计师事务所或将面临以下影响：一是存量在美上市的“中概股”企业最严重将会面临退市的风险，这些企业一方面要面临骤然退市对公司融资活动的短期影响，另一方面需要寻找再次长期上市的交易场所。二是增量的赴美上市“中概股”企业将面临难以在美国上市融资的情况，从而使得部分企业的融资渠道受到限制，进而影响这部分企业的发展前景。三是负责这些“中概股”审计的会计师事务所也将面临被美国监管机构禁止为美国上市公司提供审计服务的惩罚，将对我国地区的会计师事务所“走出去”产生负面影响。

### （三）反腐败领域的长臂管辖

美国在反腐败领域的长臂管辖虽然对我国中资金融机构和企业的潜在涉及面和影响较大，但在实际的执行上由于取证困难等原因，更多的是被美国用于特定大型企业的定向执法。美国司法部（DOJ）和证券交易委员会（SEC）可以通过以下几种形式运用《反海外腐败法》（FCPA）对中国主体开展反腐败的长臂管辖，从而对中国主体产生一系列的影响：一是针对在美上市或公开发行证券的上市公司的腐败行为进行调查，从而对该公司、雇员或高管等进行民事和刑事处罚，由于 SEC 是美国证券交易的监管部门，因此若被处罚的机构拒不执行处罚决定，SEC 甚至可以通过强制退市等手段对该公司进行监管。应当指出的是，对于在美公开发行证券的公司而言，根据

FCPA 的“会计条款”，只要 SEC 认为其财务账簿中对外支付的费用并不真实、准确，在不需要证明贿赂行为实际存在的情况下，即可开展调查，甚至作出处罚。二是若境外公司的腐败行为或贿赂等是以美元的形式使用了美元支付清算系统进行，或者相关贿赂或腐败行为通过美国银行进行交易，那么 DOJ 也有权对该公司进行执法和处罚。由于对腐败行为的查证和处罚需要大量的证据准备，因此 DOJ 并不会对所有潜在涉及境外腐败的公司进行调查。

在实践中，DOJ 更多的选择大型的境外企业进行有针对性的调查。而且这一调查时而还会带有相应的政治目的或美国国家安全目的，例如对于阿尔斯通的反境外腐败调查。该种情况对于中资企业和中资金融机构的影响最大。由于美国执法机构掌握着美元支付清算体系的资金流动数据以及总部在美国的互联网公司的数据，若美国执法机构通过以上渠道获得了中资机构有腐败和贿赂行为的证据，即使该企业在美国并未大规模开展业务，美国执法机构也可以发布对该企业高管和相关人员的通缉令，后者一旦入境美国就可能身陷囹圄，甚至在极端情况下会出现美国向其他西方国家寻求引渡，类似“孟晚舟案”的情况。

值得注意的是，近年来美国监管部门依据 FCPA 开展反腐败长臂管辖的案件越来越多，其中相当数量的案件都与中国相关。根据斯坦福大学统计的数据，2016—2020 年，美国司法部与 SEC 依据 FCPA 开展处罚的案件数维持在每年 40 件以上，2021—2022 年案件数虽然略有下跌，但仍保持在 20 件以上。与此同时，2019 年美国监管机构处理的 16 起反境外腐败长臂管辖案件之中，有 50% 与中国的主体相关，因此未来中国企业应高度关注日益上升的 FCPA 长臂管辖风险（见图 4-1、图 4-2）。

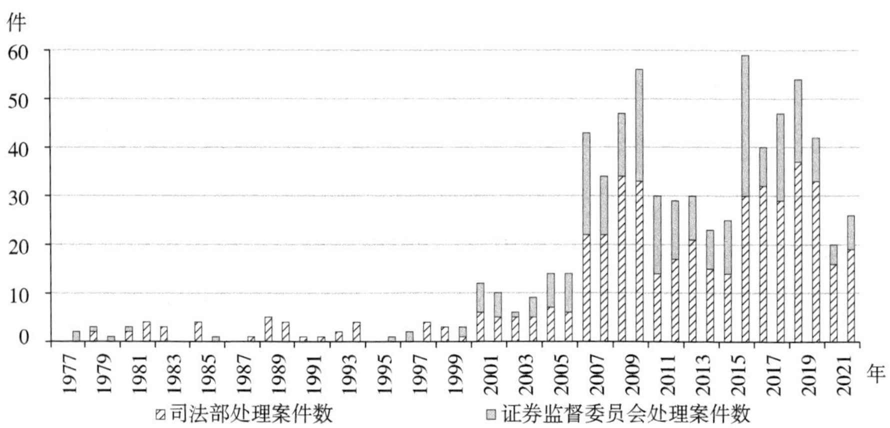


**图 4-1　近年 FCPA 处罚案件数量**

（数据来源：斯坦福大学）

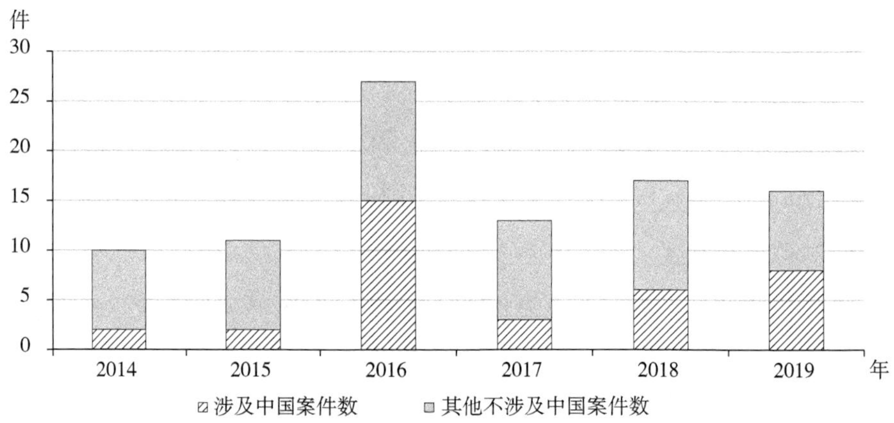


**图 4-2　近年 FCPA 处罚涉及中国案件情况**

（数据来源：中国贸促会）

CHAPTER 5

# 我国应对美国长臂管辖的总体思路和基本方略

本章从深化认识、积极应对、合理规避或反制、扩大金融市场双向开放、推动人民币国际化等角度出发，研提我国应对美国长臂管辖的总体思路和基本方略，并从金融机构自身的立场出发，就应对美国长臂管辖的具体策略展开分析，研提政策建议。

## 一、理性看待美国长臂管辖

一方面，与主流观点一致，笔者认为美国长臂管辖很大程度上是出于政治动机的霸权行为。但另一方面，笔者也认为，需要客观认识美国长臂管辖存在的法理基础，具体问题具体分析，尽量通过司法途径加以解决，避免过度政治化。

首先，美国确实为其他国家和个人提供了诸如美元流动性、交易和结算便利等“公共产品”，并承担了相应的义务。比如，美元作为美国的法定货币，美国需要对非居民美元持有者具备无限法偿责任。又如，美国的货币政策需顾及美元及其资产的境外交易、结算、清算等流动性供应。此外，美元的最终清算也需由美国负责[①]。其次，非居民在使用美元时也可能在诸多环节涉及美国的安全和利益。比如，在洗钱、恐怖融资、逃税的问题上，美国利益可能会受到直接危害；境外美元及美元计价的金融产品可能影响到美国境内金融市场的稳定；离岸美元在使用中有可能影响货币政策中间目标的有效性，增加美方货币调控的复杂性等。

因此，不能简单地将美国所有长臂管辖行为都视作出于政治动机的霸权行为，而是需要客观地看待美方相关行为在美国法律体系内存在的合理性，尤其是在我国使用美元开展经济活动时，对于美国基于法理而采取的合理的域外管辖或长臂管辖行为，总体上应持客观理性态度。

## 二、在遵守基本规则的基础上，多措并举，积极应对

基于对美国长臂管辖的客观认识，我国在现阶段，对于美国基于合理的法律规则开展的长臂管辖，应在遵守基本规则的基础上，多措并举、积极应对。

### （一）加强认识，深入理解美国长臂管辖负面影响的严峻性和适用范围的广泛性

一是思想上高度重视美国长臂管辖负面影响的严峻性。目前，美国能通过其综合实力与制裁工具对目标企业或金融机构的业务产生影响，带来庞大的经济损失。二是正确理解美国长臂管辖适用范围的广泛性。对于在美国设有分支机构的金融机构，美国法院通常以其分支机构作为连接点，将国内母行或控股公司纳入管辖范围，要求其遵守美国法律。对于未在美国设立分支

① 长期以来，95% 的美元跨境支付由 CHIPS 负责清算。

机构的金融机构，也需警惕其行为被管辖的风险。从目前情况看，即使金融机构商业行为不涉及美国的企业和个人，也不在美国境内交易，但只要存在使用美国支付结算系统、与美国制裁对象发生交易等行为，就有可能触发最低联系原则，存在被长臂管辖的风险。

## （二）主动防范，避免与相关企业和国家来往

从以往历史来看，中国企业容易在以下几个方面遭受到长臂管辖：一是中国企业与美国企业建立直接或间接的贸易、投资、知识产权或其他商业关联关系；二是中国企业与其他国家建立了某种商业关联，这种商业关联被认定为是对美国的“利益侵犯”；三是中国企业或个人的行为违反了美国对其他国家的禁令或条约权力；四是中国企业或个人其他可能构成最低联系而被纳入长臂管辖的行为（钟燕慧和王一栋，2019）。可以通过事前审查业务的方式对这四个方面加以避免，特别是第二、第三点，往往涉及的是美国所制裁的国家机构和个人。因此中资金融机构应在与美国开展相关业务时，注意审查交易对手及相关各方是否为美国在联合国安理会之外制裁的国家、机构和个人。在具体筛查时，对交易双方的调查不能仅流于形式，只关注交易双方的基本情况。银行经办人员应遵循“展业三原则”，做到“了解你的客户”“了解你的业务”和“尽职审查”原则，关注交易中的交易双方、交易地址、货物情况、货物起运地中转地和目的地、运输航线，甚至于运输船只和运输所使用的集装箱等。各金融机构也可设立信息共享机制，对美国相关长臂管辖的法律、制裁工具、制裁对象等内容建立数据库，在各机构之间形成共享，降低各机构自行收集信息的成本。

## （三）加强监管，引导金融机构增强合规意识和风险意识

尽管美国长臂管辖有其霸权性，但不可否认的是，部分金融机构和企

业的确自身存在合规上的漏洞和问题，给了美国处罚和提起诉讼的理由。因此，对我国监管机构提出以下建议：第一，完善监管体系，加强对金融机构的监管，在对银行的各项考核中重视或增加反洗钱、反恐怖融资、反垄断、反境外腐败等容易遭遇长臂管辖的领域的监管，防患于未然。第二，引导金融机构加强自身合规意识和诚信意识，遵守我国和国际公法的法律法规。一是引导金融机构的境外分支机构遵循国外的反洗钱、反恐怖融资规定和审慎性监管准则；二是增强金融机构的廉洁意识，树立良好的国际形象，不进行腐败贿赂行为；三是不进行财务造假和欺诈行为。第三，引导金融机构增强风险意识，审慎制定经营战略。在当前国际形势下，金融机构在设立境外分支机构和从事境外业务时，要注意来自美国的法律风险，充分考虑美国的政治制度、法律制度、文化差异和全球经济金融形势。

### （四）完善立法，为金融机构提供救济途径

明确规定及扩充相关法律的域外适用效力。国际法不禁止一国法律的域外适用，认可保护性管辖原则和普遍管辖原则，我国也可以利用这些原则抗衡美国的长臂管辖权。目前，我国初步建立了以《中国人民银行法》和《商业银行法》为核心的银行法律监管体系，但针对金融机构在境外分支机构的监管和保障的立法部分有所缺失，如 1990 年公布的《境外金融机构管理办法》自 2011 年起已废止。原中国银监会于 2016 年发布的《关于进一步加强银行业金融机构境外运营风险管理的通知》和原中国银保监会于 2019 年发布的《关于加强中资商业银行境外机构合规管理长效机制建设的指导意见》，旨在推动健全跨境合规管理机制，提高跨境合规管理有效性，实现境外机构安全稳健运行。但这些仅仅属于规范性文件，其法律位阶较低。整体来看，这既不利于我国对境外分支机构合规情况的监管，也使得中资商业银行境外分支机构缺乏救济途径。针对目前立法方面的缺陷，建议尽快制定新的《境

外金融机构管理办法》，健全我国金融监管的立法体系，完善对金融机构境外分支机构的监管体系，为金融机构境外分支机构提供救济途径。

## （五）未雨绸缪，针对美国制裁做好预案和压力测试

根据《国际紧急状态经济权力法》，美国总统有权签署行政命令宣布进入紧急状态，将我国金融机构列入制裁名单，甚至冻结我国在美资产。除此之外，美国国会也有权通过法案将其认为威胁美国国家安全的国家、机构和个人列入制裁名单之列，并施加其他制裁。2022 年俄乌冲突爆发后，美国联合西方世界对俄罗斯进行了包括冻结资产、切断融资渠道、阻止金融交易、高科技贸易管制、中止重大项目、切断人员流动等一系列制裁措施。与之前的制裁相比，本次制裁覆盖范围更广、程度更深、针对性更强。如果我国周边安全形势恶化，或中美关系进一步恶化，不排除美国会参照俄乌冲突对我国部分机构进行制裁的可能。美国数年来对长臂管辖的使用，其制裁手段和路径都较为直观，因此我国金融机构可根据目前美国等国家的制裁工具，参照俄罗斯受到制裁的情况，提前做好相关压力测试和应对预案，化事后被动为事前主动，守住不发生系统性金融风险的底线。应当指出的是，若美国将中资大型金融机构列入制裁名单，无疑将重挫中美关系，同时对美国经济和信用产生重大负面影响，因此演进至此层次的可能性整体较低。

## （六）培养人才，开展前瞻性研究

一方面，美国一些触及长臂管辖的法案，其条款相对复杂且变化频发，这对合规和法律人员的风险要素识别能力和信息搜集更新能力提出了较高的要求。另一方面，一旦遭遇诉讼，相关主体需要从律师选聘、政府资源、对外公关等多角度发力，因此需要提前储备相关人才，做好对长臂管辖领域的研究工作。一是高度关注政策变化并做好信息搜集工作。金融机构需要对美

国的相关法律和最新案例保持持续跟踪，密切关注美方与中方、其他国家的关系变化，以及美国财政部 OFAC 更新发布的被制裁名单。二是提前对当地法律进行基础性、系统性研究。提前研究长臂管辖所涉及的法律法规，区分美国不同监管机构的性质、职能、所能利用的长臂管辖的法律法规、处罚权限、执法尺度；提前了解美国司法流程，搜集和研究过往长臂管辖案例，熟悉整个司法和执法的流程。三是针对合规风险，提前做好评估。金融机构可聘请精通美方法规的专业律师，对照美国量刑委员会的《针对机构实体量刑指南》、司法部的《企业合规程序评估》、财政部的《OFAC 合规承诺框架》等规范性文件，客观评估企业现有的合规体系是否符合相关的标准和要求，并提出相关建议。

## 三、中资企业或金融机构遭遇美国长臂管辖时的具体应对思路

中资企业或金融机构一旦遭遇美国长臂管辖，应积极采取措施，尽最大努力，将美国长臂管辖带来的损失降至最低。

### （一）弄清事实，明确了解被调查的事项

当收到美国要求配合调查的通知或者起诉书时，除了要明确了解被调查的事项以及金融机构被要求的事项，还要搜集过往的相似案例并从中分析可能的结果。以中资企业和金融机构所收到的传票类型为例，传票类型一般分为行政传票、大陪审团传票和丰业银行传票。行政传票往往适用于在美国没有分支机构但有代理行账户的主体，只要符合法律规定，不违反宪法第 14 条修正案的要求，行政传票即具有司法执行力。如果没有充分理由抗辩或经法院裁定后仍拒绝执行，将被视为对该法院的蔑视。大陪审团传票适用于美

国有分支机构的主体，美国的大陪审团审判是在刑事审判前的一个程序，只有在大陪审团认定当事人有罪的前提下，检察官才会起诉当事人从而进入刑事审判阶段。联邦检察官使用大陪审团程序向刑事犯罪的嫌疑人或证人收集证据。大陪审团的传票可以在美国境内的任何地方送达。美国联邦刑事诉讼法规定，如果遵守大陪审团的传票要求“是不合理的或压迫性的”，法院可以撤销或修改该传票；如果遵守美国法院的传票要求会违反外国法律，该传票可能被认定为不合理的或压迫性的。所以，收到大陪审团传票的主体可以援引“执行传票要求会违反本国法律”作为抗辩。丰业银行传票适用于在美国有分支机构的主体，收到丰业银行传票、被要求提交资料的银行本身（一般是位于境外的外国银行）并不需要是被美国政府调查的对象，即在美国有分支机构的外国银行可能会因任一客户被美国政府调查而收到联邦法院的传票，要求提供与该客户相关的美元交易的单据。鉴于丰业银行传票可能引起重大的外交挑战，因此相较于其他类型的传票，较少为法院采用。

## （二）沉着应对，选择最佳应对策略

在对自身具体的情况进行评估以后，金融机构可以在以下几方面选择合适的策略。一是配合程度上综合考虑主管部门沟通情况。主管部门的信任是双方沟通合作的前提，因为如果中资企业和金融机构试图采取抗拒或有所保留的配合时，则可能引发美国监管机构更大范围、更强力度、更多手段的调查和执法（刘相文等，2019）。另外，美国还会在罪名指控、和解方案和量刑建议方面鼓励中资企业和金融机构配合调查。但必须注意的是，中资企业和金融机构在配合过程中，不应提供我国相关法律所限制或禁止提供给外方的证据。同时，中资企业和金融机构还需考虑提交的证据是否会暴露自身更多的问题和漏洞。二是中资企业和金融机构需要综合考虑是否选择谈判和解，因为在流程进行的过程中，中资企业和金融机构对自身可能面临的结果还处于持续评估的过程中。就目前情况看，中资企业和金融机构与美方达成和解协议是较为常见、较为占优势的方式。以出口管制方面的长臂管辖为例，如果中资企业被认定违反出口管制规定，可能被列入美国商务部工业与安全局的实体清单，不仅面临复杂且漫长的司法和行政复查，甚至可能被切断供应链长达数年，造成不可估量的损失；如果中资企业和美方达成和解，接受处罚，并严格履行相关承诺，则可以迅速恢复供应链并开展正常业务运营[①]。

### （三）积极抗辩和反诉，把握主动权

中资企业和金融机构在民事诉讼中，可以基于国际礼让原则，充分利用“不方便法院”原则进行制衡，提出管辖权异议，请求将案件移送至中国法院管辖。在相关司法实践中[②]，美国最高法院曾指出，只有当法院认为有可能对案件做出更合适的裁决时，确定管辖权才显得重要。当案件显然在外国法院审理更便利时，法院应立即以“不方便法院”为由驳回起诉，而不应在驳回起诉之前进行繁琐且不必要的管辖权裁决。

## 四、借鉴国际经验，加强国际合作，规避或反制美国出于政治目的开展的长臂管辖

客观看待美国长臂管辖存在的合理性并不意味着认可美国的霸权主义，更不意味着对美国名为长臂管辖、实为出于政治目的的霸凌行径坐以待毙。主

---

① 主管部门应多管齐下开展应对。比如，安排法务部门着手收集证据，梳理事实，并根据中资企业和金融机构的情况对可能的结果进一步评估并制定策略；此外，主管部门还可以借助公关人员，将诉讼对中资企业和金融机构的不利影响降到最低，甚至获得外国舆论支持。

② 中化国际（控股）股份有限公司诉马来西亚国际船运有限公司纠纷一案［EB/OL］. 2006-06-10. https://www.oyez.org/cases/2006/06-102.

管部门应当借鉴国际经验，加大国际合作，助力中资企业和金融机构规避美方以长臂管辖为名开展的霸凌行径。

## （一）借鉴国际经验，设立并高效运用阻断法案，充分发掘利用反制裁工具

2020 年起，我国已从国家层面进行了相关的立法和规定，全国人大分别于 2020 年 10 月和 2021 年 6 月通过《中华人民共和国出口管制法》和《中华人民共和国反外国制裁法》，商务部也分别于 2020 年 9 月和 2021 年 1 月公布《不可靠实体清单规定》和《阻断外国法律与措施不当域外适用办法》，为反制裁提供了合法依据和保障。但总体来看，相关法律法规仍然有可完善之处。

我国可以参考欧盟的《欧盟阻断方案》，完善自己的“阻断法案”①。2018 年为了对抗美国次级制裁的域外效力，欧盟更新了第 2271/96 号《委员会决议（EC）》的附录部分，该决议也被称为《欧盟阻断法案》。该决议通过对 1996 年版的《欧盟阻断法案》进行修订，以期在美国或其他第三国进行长臂管辖时，以法律的形式保障欧盟的企业和个人的利益，使其免受第三国跨境执法以及因此产生的损失。

具体来看，《欧盟阻断法案》主要从以下几方面保障欧盟企业和个人的利益：一是通过清单的方式列明美国等国颁布的有关长臂管辖法律没有效力，欧盟辖区内的机构和个人不得遵守这些法律，根据这些法律所做出的判决或者处罚决定亦禁止在欧盟境内执行；二是当欧盟的企业和个人因其他国家长臂管辖的法律遭到损失时，欧盟支持这些企业和个人通过法律向长臂管

① 2021 年 1 月，商务部发布《阻断外国法律与措施不当域外适用办法》，这标志着我国应对和反制外国对华长臂管辖和制裁相关法律进程全面启动，也为国内法域外适用相关制度和法规体系的构建奠定了基础雏形。

辖受益人追回损失；三是《欧盟阻断法案》的适用范围不仅在欧盟境内，也适用于其他地区的欧盟企业和个人；四是当外国法律在欧盟产生不正当影响时，欧盟成员国有义务在30天内及时报告相关情况。这些条款明确使得其他国家的长臂管辖不具备法律效力，并为欧盟的企业和个人提供了救济途径。尽管在实务中，《欧盟阻断法案》仅仅是一种被动的防御，具体操作根据各国的实施方式存在差异，实际能产生的效力一般，且阻断美国长臂管辖的效果存疑，但其不承认美国单边法域外适用的立法精神十分明确。我国亦可明确外国长臂管辖的效力范围，在保护己方企业和个人时有法可依，赋予中国企业和个人足够的追偿权，也增强其开展正常业务的信心。另外，我国还要做好反制裁准备，在法律、贸易和金融等方面发掘反制裁工具，美国在华企业、在华进行的商业活动、持有的人民币资产等都是可以考虑的反制裁工具。

## （二）加强国际合作，构建反长臂管辖体系

随着金融市场的开放，包括美国在内，越来越多国家的金融机构在我国设立分支机构，我方可考虑在国家层面推动建立双边司法协助机构，明确两国间跨境取证、冻结或移交财产的正式流程，用部门间的协定取代一方单边司法管辖。通过双边司法合作，有助于缓解双方法律冲突、防止金融机构利用司法真空区逃避监管、避免金融机构因两国法律冲突和政治冲突而卷入不可预期的案件中造成损失。例如，在现有中美《避免双重征税协定》《双边贸易协定》基础上，通过谈判与对话达成双边协定，解决境外账户税收、法院判决执行等冲突领域方面的法律问题（武艺和杨艳，2017）。与此同时，我国也可加强与其他受制于长臂管辖的国家的合作交流。例如，我国与俄罗斯、欧盟、日本、东盟等国家和地区有着广泛的政治基础和利益诉求，在构建SWFIT以外的清算系统、区域支付体系等方面可深度合作，巩固和扩大

反对长臂管辖的多边阵营。

同时，建议积极参与国际金融多边体制的改革和制定，增强在长臂管辖议题上的话语权。例如，我国应联合有共同利益的其他国家，推动修订《海牙公约》等国际公约的有关条款，限制美国公然跨境取证的违约行为。再如，我国还可以积极发挥G20机制的作用，推动全球治理体系改革，一方面，利用G20机制对美国长臂管辖形成约束，反对将长臂管辖滥用于意识形态和地缘政治的斗争中；另一方面，与G20其他国家一同推动法律域外适用的规范化，在适用范围、救济途径等方面达成协议或共识。在遇到基于长臂管辖的冲突时，尽量以国际仲裁的方式加以解决。除此以外，可寻找国际社会对全球经济治理公共产品属性的认知最大公约数（戚凯，2022），呼吁国际社会将一些全球经济治理机制或平台的公共产品属性予以确认，视为超主权的全球性服务，不受某一国家胁迫。

## 五、化被动为主动，进一步扩大金融市场双向开放，推动人民币国际化

### （一）统筹做好中资金融机构“走出去”

金融机构“走出去”更多的是趋利的自发性行为，监管部门在加强和完善监管体系，推动中资金融机构加强自身合规能力，更好地适应国际竞争的同时，也应适当为中资金融机构“走出去”提供政策支持。

当前国内对银行业在境外投资限制较为严格，且存在重复监管的现象。按照监管规定，商业银行设立或收购境外机构时，既需要向中国人民银行提出申请，同时还必须经国务院银行业监督管理机构审查批准。同时，申请人需要符合在最近3个会计年度连续盈利，申请前1年年末的资产余额达到

1000 亿元人民币以上等条件。符合以上监管条例的金融机构多为国家控股型企业，而这一较为特殊的控股结构，容易导致此类中资金融机构在尝试进入美国市场时面临复杂的多重审查机制，由此阻碍了两国金融市场的相互开放（王冠楠和项卫星，2017）。

## （二）优化外资金融机构准入门槛

近年来，我国加大金融开放力度，逐步开放金融市场，2019 年《中华人民共和国外资银行管理条例》的颁布，使得外资银行在降低进入门槛、扩大业务范围、降低业务开办条件等方面迎来“松绑”。但当前的监管政策对外资银行业务拓展仍有诸多制约，比如，外资行在关税和社保代扣、企业年金和保险资金托管方面仍存在准入障碍，外资行面临更高的监管不确定性和较高的合规成本，在一些规则制定上外资行通常被排除在决策讨论之外（刘晓春和杨悦珉，2019）。

因此，在打开金融开放的“大门”的同时，也要优化当前的监管政策和营商环境，探讨外资行诉求的合理性，审慎开放“小门”。在政策方面，积极发挥负面清单的作用，并对业务准入制定标准引导，加强对外资行持续性、审慎性的运营监管，在正常的业务方面对内外资银行一视同仁。

## （三）在试验区内大胆创新先行先试

一方面，考虑到金融机构的逐利性，在金融市场双向开放的同时，防控金融风险仍是重中之重；另一方面，一些开放措施可能面临较大的阻力。因此，可以考虑在现存的试验区内，比如上海临港新片区、海南自贸港内先行先试，或者限制在试验区内进行。目前，法律适用问题、资本账户开放问题、税收问题是影响金融开放的重要掣肘，可考虑在这些区域内参照国际标准，进行规划设计，进行一些大胆的突破创新。例如，随着金融创新特别是在金融科技迅猛发展的背景下，大陆法系的立法往往存在滞后性，在问题发生以后才做出反馈，且从考虑出台政策到政策落地所需时间较长，而英美法系通过判例使得立法更为灵活，能更快地修补监管漏洞。我国可考虑在试验区内借鉴英美法系进行法律创新。

## （四）稳慎推动人民币国际化

稳慎推动人民币国际化是防范美国长臂管辖的重要方案。事实上，美国长臂管辖的能力很大程度上来自于其经济实力和美元在国际结算中的核心地位。比如，SWIFT 是其能实行长臂管辖的核心手段之一，目前全球绝大多数银行都使用 SWIFT 系统进行国际银行同业间结算的报文传递，一旦有金融机构被 SWIFT 系统限制，则难以开展与国外银行间的支付往来。此外，CHIPS 作为全球最大的美元支付系统，也承担了 95% 以上的银行同业美元支付清算与 90% 以上的外汇交易清算，加之负责美国国内清算的联邦储备通信系统（Fedwire），一国金融机构在美国国内与境外的美元支付业务已被 Fedwire 与 CHIPS 锁定。长远来看，稳慎推动人民币国际化有助于摆脱美元依赖，化被动为主动，为从根本上应对美国长臂管辖提供助力。

基于网络外部性和惯性，主导货币变迁是一个缓慢的过程，目前人民币无论在支付结算、投融资还是储备层面上与主要国家货币相比仍有一定的差距。但在当前“去美元化”和货币多元化呼声渐起的背景下，人民币面临更多的机会：一是俄乌冲突后，美国及盟友针对俄罗斯的制裁引发了市场对美元武器化的担忧，加快寻求本币贸易结算和储备资产多元化；二是无论是金融危机还是新冠疫情，美国货币政策的外溢对全球其他国家造成了通胀、资产泡沫、资本异常流动等影响，威胁了其他国家经济金融稳定，成为“我们的货币，你们的麻烦”。这加快了其他国家“去美元化”的决心和力度。在这样的背景下，人民币国际化面临新的契机。我国可稳步引导中资企业和金融机构与相关国家开展业务往来。具体来看，可以从以下几个方面入手。

一是坚持和落实“本币优先”原则，进一步完善相关政策安排。目前，跨境人民币政策框架已经实现，外币能做的业务本币也能做，但有序推进人民币国际化仍需进一步完善政策安排。我国可加强相关部门之间的协同作用，鼓励企业在跨境贸易中使用人民币，在对外贸易、直接投资等方面能用尽用人民币。同时，督促和引导金融机构结合企业需求简化业务办理流程，做好相关宣传培训工作。

二是坚持市场驱动，不断消除境内外限制人民币使用的障碍。从货币国际化的历史经验来看，货币的国际化更多的是由市场因素驱动，比如英镑、美元和欧元，而由政府主导推动的日元国际化不甚理想。因此，人民币国际化是徐徐图之的过程，更依赖于境内外市场主体对人民币的认可，政府的作用在于培育市场、为之创造制度条件和防控相关风险。

三是完善基础设施建设，我国应继续推动人民币跨境支付系统（CIPS）和境内金融基础设施的发展，保证跨境人民币支付清算系统和境内金融基础设施的安全性和可靠性。目前，CIPS 系统已取得一定进展，2023 年处理业务 661.33 万笔，金额 123.06 万亿元，同比分别增长 50.29% 和 27.27%，但 SWIFT 仍处于绝对领先位置。我国可以考虑加强 CIPS 与欧盟 INSTEX 支付系统、俄罗斯 SPFS 支付系统等其他跨境支付系统的合作、将 CIPS 建设与数字人民币跨境结算相结合、继续推广 CIPS 标准收发器等产品和服务、积极拓展境内外参与者，不断提高跨境人民币清算服务效率和服务可达性。

四是进一步推动国内金融市场开放，便利境外投资者使用人民币投资境内债券和股票。金融市场开放和货币国际化之间有着相辅相成的关系，境外主体在跨境贸易和投资中获得的人民币需要投资和储备的渠道来满足其持有人民币的收益，通过债券市场开放，为其提供场所，使其更有意愿持有人民币，同时促进这一部分资金的回流，畅通和丰富人民币流动的渠道。只有当境外人民币回流到境内市场，才算完成一个完整通畅的循环，进而推动人民币国际化进一步深化。因此，我国应继续保持中国经济稳定健康发展，协调推进金融体制改革，加强国内金融市场建设，完善金融体系，同时促进各市场互联互通，扩大债券交易品种和股市交易工具，提升股市债市流动性。

五是引导离岸人民币市场健康发展。离岸美元市场是美元国际化的关键。欧洲美元市场的出现吸纳大量境外美元，便利了市场主体的投融资，并强化了美元的支付和定价功能。优化离岸人民币市场，有助于使人民币在离岸市场用起来，促进人民币境内外循环，在全球范围内形成人民币使用的生态圈。目前，经过十多年的发展，离岸人民币市场已建立了一定的基础，形成以香港为全球业务枢纽，以伦敦、新加坡为重要支撑，以其他设有人民币清算行的地区为关键节点的网状分布格局，其中香港为最大的离岸人民币中心。2005 年香港建立起了境外第一个即时人民币结算系统（RTGS），为香港本地及与其他境外地区之间人民币自由流动建立金融基础设施保障。之后，香港离岸人民币外汇交易市场、资金市场、点心债市场陆续启动，并出现离岸人民币汇率（CNH）、离岸人民币同业拆息定盘价（CNY HIBOR）等定价机制。但因离岸市场金融产品供给不足、交易透明度不高、流动性不强等原因，尚不能满足中国金融开放和人民币国际化的需要。

建议可以进一步发挥境外中资行的作用，打造离岸人民币使用生态体系；有序引导境内金融机构、企业到离岸市场发债，吸引外国政府、跨国公司、国际银行等参与点心债融资，推进更多的离岸人民币产品供给；畅通在离岸利率汇率传导途径，形成完整的离岸人民币利率曲线，收窄在岸离岸人民币资金价格。同时，因离岸人民币市场对全球风险事件更为敏感，需要提升开放条件下风险防范意识和防范手段。

六是完善宏观审慎管理，加强对跨境资金流动的监测，防范跨境资金流动风险。近年来，我国已使用逆周期因子、外汇风险准备金、全口径跨境融资宏观审慎等各类政策工具，有效地防范了跨境资本流动冲击。目前，跨境资本流动宏观审慎管理框架已初步形成。在金融市场双向开放和资本项目可兑换稳步推进的背景下，可建立和完善跨境资本流动监测、预警和响应机制，提前做好相关压力测试，就跨境资本流动的方向、规模、类型、结构以及货币错配、期限错配情形进行重点监测，预判资本流动异常原因，识别外部冲击风险源头；在理论和实践上进一步探索跨境资本流动宏观审慎管理，进一步丰富宏观审慎管理政策工具箱，从数量型和价格型两个维度完善宏观审慎政策工具箱的工具储备，在不同经济形势下灵活采用不同的工具，并定期评估各种工具的实施效果；加强宏观审慎管理与其他经济政策的配合，健全“双支柱”调控框架，完善货币政策与宏观审慎政策的协调搭配。

CHAPTER 6

# 人民币国际化背景下的国内法域外适用

本章将对我国国内法域外适用的现状、我国国内法域外适用法律体系建设存在的问题、人民币国际化背景下完善我国国内法域外适用的必要性等问题进行深入分析，并就如何完善我国国内法域外适用法律体系，研提政策建议。

## 一、我国国内法域外适用的现状

目前，我国国内法域外适用在规则制定上已有一定基础，但尚未形成完整的体系，相关规定散见于《刑法》《反垄断法》《网络安全法》《核出口管制条例》等各类法律和行政法规中，基本思路一般遵循国际法有关国家管辖的四大原则，即属人管辖、属地管辖、保护性管辖、普遍性管辖（肖永平，2019）。一是属人管辖原则，是指国家有权对具有本国国籍的人实行管辖。以我国刑法第七条规定为例，“中华人民共和国公民在中华人民共和国领域外犯本法规定之罪的，适用本法，但是按本法规定的最高刑为三年以下有期徒刑的，可以不予追究。中华人民共和国国家工作人员和军人在中华人民共和国领域外犯本法规定之罪的，适用本法”。二是属地管辖原则，是以当事人的住所地、居所地或事物的存在地等作为管辖权的连接因素而形成的原则。例如，我国刑法第六条规定，“凡在中华人民共和国领域内犯罪的，除法律有特别规定的以外，都适用本法。凡在中华人民共和国船舶或者航空器内犯罪的，也适用本法。犯罪的行为或者结果有一项发生在中华人民共和国领域内的，就认为是在中华人民共和国领域内犯罪”。又如，我国《反垄断法》第二条规定，“中国境内经济活动中的垄断行为适用本法，中国境外的垄断行为，对境内市场竞争产生排除、限制影响的，适用本法”。三是保护性管辖原则，是指国家有权对在国外受到侵害的本国公民实施保护。例如，我国《刑法》第八条规定，“外国人在中华人民共和国领域外对中华人民共和国国家或者公民犯罪，而按本法规定的最低刑为三年以上有期徒刑的，可以适用本法，但是按照犯罪地的法律不受处罚的除外”。据此，中国可以对外国人在国外的犯罪行为进行管辖。四是普遍性管辖原则，是指对于国际犯罪，无论犯罪人的国籍如何，也无论他在何处犯罪，各国只要不干涉他国主权，均有权实行管辖。例如，我国《刑法》第九条规定，“对于中华人民共和国缔结或者参加的国际条约所规定的罪行，中华人民共和国在所承担条约义务的范围内行使刑事管辖权的，适用本法”。

2020 年 1 月，司法部召开全国司法厅（局）长会议。会议提出，要加强涉外法治工作，加快推进我国法域外适用的法律体系建设，完善涉外经贸法律和规则体系，建立涉外工作法务制度，健全现行法律域外适用的标准和程序，强化涉外执法司法实践，提升我国司法实践的国际影响力。推动法治领域国际交流合作，推进涉外法治工作现代化。

2021 年 1 月，商务部发布《阻断外国法律与措施不当域外适用办法》，明确提出，为了阻断外国法律与措施不当域外适用对中国的影响，维护国家主权、安全、发展利益，保护中国公民、法人或者其他组织的合法权益，根据《中华人民共和国国家安全法》等有关法律，制定本办法，办法明确国家建立由中央国家机关有关部门参加的工作机制（以下简称工作机制），负责外国法律与措施不当域外适用的应对工作。工作机制由国务院商务主管部门牵头，具体事宜由国务院商务主管部门、发展改革部门会同其他有关部门负责。这标志着我国应对和反制外国对华长臂管辖和制裁相关法律进程全面启动，也为国内法域外适用相关制度和法规体系的构建奠定了基础。

2021 年 1 月，中共中央印发《法治中国建设规划（2020—2025 年）》，明确提出加强涉外法治工作，适应高水平对外开放工作需要，完善涉外法律和规则体系，补齐短板，提高涉外工作法治化水平。积极参与国际规则制定，推动形成公正合理的国际规则体系。加快推进我国法域外适用的法律体系建设。围绕促进共建“一带一路”国际合作，推进国际商事法庭建设与完善。推动我国仲裁机构与共建“一带一路”国家仲裁机构合作建立联合仲裁机制。强化涉外法律服务，维护我国公民、法人在境外及外国公民、法人在我国的正当权益。建立涉外工作法务制度。引导对外经贸合作企业加强合规管理，提高法律风险防范意识。建立健全域外法律查明机制。推进对外法治宣传，讲好中国法治故事。加强国际法研究和运用。加强多双边法治对话，推进对外法治交流。深化国际司法交流合作。完善我国司法协助体制机制，推进引渡、遣返犯罪嫌疑人和被判刑人移管等司法协助领域国际合作。积极参与执法安全国际合作，共同打击暴力恐怖势力、民族分裂势力、宗教极端势力和贩毒走私、跨国有组织犯罪。加强反腐败国际合作，加大境外追逃追赃、遣返引渡力度。

2023 年 6 月，《中华人民共和国对外关系法》（以下简称《对外关系法》）经第十四届全国人大常委会第三次会议表决通过，这是新中国首部基础性、纲领性、综合性对外关系法律，是完善涉外法律体系、提高对外工作法治化水平的重要成果，《对外关系法》首次以法律形式写明中国法域外适用的目的、条件和政策导向，并对外国国家、个人或组织的反制和限制措施作出原则规定，建立相应的工作制度和机制，从而构建起中国法域外适用的基本法律制度框架。《对外关系法》规定，国家在遵守国际法基本原则和国际关系基本准则的基础上，加强涉外领域法律法规的实施和适用，并依法采取执法、司法等措施，维护国家主权、安全、发展利益，保护中国公民、组织合法权益。对于违反国际法和国际关系基本准则，危害我国主权、安全、发展利益的行为，我国有权依法采取必要反制和限制措施。国务院及其部门制定必要的行政法规、部门规章，建立相应工作制度和机制，加强部门协同配合，确立和实施有关反制和限制措施。

## 二、我国国内法域外适用法律体系建设存在的问题

### （一）国内法域外适用规则在某些领域缺失，不利于保证域外适用效果

国内法域外适用规则的确立是国内法域外适用的基础。目前，我国相当一部分国内法中，域外适用条款是缺位的。例如，作为国内法域外适用重要法律工具的《反分裂国家法》，虽然将“台独”分裂势力纳入规制范围，但该类规定并未真正赋予该法域外效力。又如，新《证券法》虽然考虑到证券领域跨境监管的现实需要，明确在我国境外的证券发行和交易活动，扰乱我国境内市场秩序，损害境内投资者合法权益的，依照《证券法》追究法律责任等，但实施细则尚未明确。此外，在劳动法、环境法等领域也缺乏域外适用的规定（廖诗评，2019）。

与此同时，虽然现行中国国内法的执法管辖原则中都设定了属人原则

或属地原则，以便适用于公民、法人或其他组织所从事的行为以及在中国境内发生的行为，但外国公民在中国境外所从事的行为是否适用，尚不明确。由此导致相关实体规则没有将境外自然人和法人纳入法律责任承担主体的范围。例如，根据我国《反垄断法》第二条规定，中华人民共和国境外的垄断行为，对境内市场竞争产生排除、限制影响的，也适用本法。但是该类规定属于概括式规定，域外效力不明确，域外适用效果难以保证（廖诗评，2019）。

### （二）国内法域外适用条款的法律责任存在一定的限制，不利于提供充分的国内法依据

一方面，我国现行国内法域外适用条款的法律责任以刑事责任为主，但刑事责任的追究难度较大。例如，根据我国《刑法》第六条至第八条的规定，我国可以追究绝大部分域外行为的刑事责任，但在实际适用时，往往需要以行为人位于中国境内为条件。如果行为人不在中国境内，则需要考虑诉诸引渡程序，由于与我国缔结引渡条约的国家数量有限，如果行为人位于未与中国缔结引渡条约的国家境内，就很难通过引渡程序追究行为人的刑事责任。

另一方面，对于大量尚不构成刑事犯罪的域外违法行为，我国现行国内法域外适用条款缺少罚款、没收违法所得等追究违法行为行政责任的规定。例如，《反分裂国家法》第八条虽然将“台独”分裂势力纳入规制范围，但没有明确将为“台独”等活动提供帮助的行为纳入规制范围，没有明确规定针对“台独”分裂势力的行政处罚措施，这些都使得该法无法为中国制裁境外对台军售企业提供充分的国内法依据（陈文婧，2020；廖诗评，2019；肖永平，2019）。

### （三）国内法域外适用相关实践不足，不利于充分发挥司法机制对国家利益的保护

从我国涉外执法司法实践来看，即使按照我国现行法律的规定，我国法院对域外管辖权的行使也有较大提升空间。在新形势下，过于谨慎的涉外执法司法实践不利于发挥司法机制保护我国国家利益的功能，也不利于发挥司法机制保护我国公民和企业合法利益的功能，更不利于发挥司法机制应对美国滥用长臂管辖权、促进形成公平合理的国际法规则的功能。与此同时，国内法域外适用的国际交流来看，相关工作仍有较大提升空间，仅以国内法律法规的翻译为例，尽管全国人大和国务院有关机构已组织翻译数百部法律、行政法规、地方性规章，并出版了多部英文法律汇编，但从实际效果来看，我国国内法的英译版本在法律术语的规范性上还存在较明显的问题，这给国内法的域外适用造成了障碍，也对国内法域外适用的国际影响力造成了不利影响（陈文婧，2020）。

### （四）国内法域外适用程序法存在一定不足，缺乏与各类实体条款相配套的管辖条款

在程序法上，如果缺乏与实体法相衔接的管辖条款，诸如《证券法》《反垄断法》《网络安全法》等法律的域外适用条款所列明的实体法律后果，就难以在司法上得以落实，进而也就无法对境外违法行为和违法主体进行规制和震慑。以境外垄断民事诉讼为例，一般来看，《民事诉讼法》的管辖原则是“原告就被告”，即在管辖连接点方面，以被告住所地作为最重要的考量因素；但在域外适用方面，如果被告在境外，依被告住所地这一管辖连接点，我国人民法院很难对境外垄断行为行使司法管辖权。

虽然《民事诉讼法》还规定了特殊地域管辖，然而即便考虑到因特殊地域管辖所扩展的一系列连接点，如果诉讼标的不在中国境内、合同不在中国境内签订或履行、被告在中国境内无可供扣押财产、被告在中国境内未设有代表机构，我国人民法院亦无法对境外垄断行为行使有效管辖。《反垄断法》第二条所指的境外垄断行为对境内市场竞争的排除、限制影响，实际上是一种“效果”。但尚未从立法层面明确“效果原则”作为人民法院行使域外司法管辖权的依据，故就境外垄断行为的规制而言，中国程序法依然存在衔接上的漏洞（陈文婧，2020；廖诗评，2019；肖永平，2019）。

## 三、人民币国际化背景下完善国内法域外适用法律体系的必要性

历史上，我国在国内法域外适用问题上一直相对保守，根源在于我国一贯坚持属地原则处理相关法律适用问题。近年来，随着全球化的发展，人民币国际化进程持续推进，我国金融业对外开放程度不断提升。自 2009 年 7 月中国人民银行会同商务部等部门启动跨境贸易人民币结算试点以来，人民币跨境贸易、投资领域的限制逐步放开。截至 2024 年 7 月，根据 SWIFT 数据，人民币已成为全球第四大支付货币，占全球所有货币支付金额的比重为 4.74%。在有序推动人民币国际化、资本项目开放的进程中，随着跨国交往的日益频繁及全球化向纵深发展，在特定情形下，一国管辖域外的人和事既有必要也有其客观合理性。如何在人民币国际化的大背景下，完善国内法域外适用法律体系，维护我国国家金融安全、识别和防范异常国际资本跨境流动、保护我国公民合法的境外资产和权益等方面，面临着新的挑战。

2023 年 10 月，中央金融工作会议强调，“金融是国民经济的血脉，是国

家核心竞争力的重要组成部分，要加快建设金融强国，全面加强金融监管，完善金融体制，优化金融服务，稳慎扎实推进人民币国际化，防范化解风险，坚定不移走中国特色金融发展之路，推动我国金融高质量发展，为以中国式现代化全面推进强国建设、民族复兴伟业提供有力支撑”。为了防范系统性金融风险，保障国家金融安全，维护我国国家利益，强化识别和防范异常资本跨境流动的监管能力，助力人民币国际化行稳致远，我国有必要进一步完善国内法域外适用的法律体系，厘清域外适用的合法性边界，一方面反击国外不合理的国内法域外适用，另一方面为我国域外适用的法律体系建设提供指引。2019 年 2 月，中央全面依法治国委员会第二次会议进一步明确要求，要加快推进我国国内法域外适用的法律体系建设。2021 年 1 月，中共中央印发《法治中国建设规划（2020—2025 年）》，明确要求，“要适应高水平对外开放工作需要，完善涉外法律和规则体系，补齐短板，提高涉外工作法治化水平。”这表明，在新形势下，国内法域外适用问题已经得到国家的高度重视。开展国内法域外适用的法律体系建设，也表明我国将在人民币国际化的背景下确定更广泛的域外管辖联系，吸收借鉴更加积极的管辖权理论，这是对传统属地主义的重大突破和立场转变。

## 四、完善国内法域外适用法律体系的建议

### （一）遵循谦抑原则，在国际法框架内确立和完善国内法域外适用条款

从国内法域外适用的国际实践来看，国际法对一国国内法的域外适用既有限制，也提供依据。如果一国采取不符合国际法惯例的国内法域外适用措施，或滥用国内法域外适用措施，都会构成对国际秩序和国际法治的冲击

和影响，会被认为是霸权政治的体现。而如果一国明确在国际法框架原则下开展国内法域外适用工作，将有助于获得国际社会的支持，占据国际道义制高点，也有利于实际工作的开展。我国应认清国际趋势，充分认识到在国际法框架内确立和完善国内法域外适用的重大意义和现实价值，坚持谦抑原则和司法克制原则，这不仅有助于获得国际道义方面的制高点，避免管辖权冲突，也有助于相关域外措施的实施，更好维护我国国家利益和公民、企业和金融机构利益（陈文婧，2020；廖诗评，2019；肖永平，2019）。

### （二）完善相关立法，为我国国内法的域外适用提供明确的法律依据

一方面，针对我国国内法部分领域缺乏域外适用条款的现状，应尽快在重点领域中确立域外管辖权规则，便利执法机关开展执法和监督管理活动，保护中国国家利益和公民、企业与金融机构利益。涉及重点领域主要包括：国家安全、反恐、金融、反洗钱、网络安全和经济安全等。另一方面，还应当强化域外适用规则中的法律责任，除了刑事责任外，还可以将行政责任纳入法律责任体系，将罚款、没收违法所得、冻结财产等措施作为具体手段，以加强法律域外适用的实际效果。此外，我们还需要对已有的法律条款作进一步的细化和解释，为其域外适用提供更坚实的依据（陈文婧，2020；廖诗评，2019；肖永平，2019）。

### （三）强化司法实践，抑制美国对我国当事人行使长臂管辖权的冲动

第一，我国法院可根据对等原则，对美国企业和个人违反我国出口管制法和反分裂国家法等行为，采取坚决对等措施，积极受理反制美国滥用长臂管辖权的案件，用个案对抗来保护我国企业和公民的合法权益。第二，我

国法院可主动在反垄断、反洗钱、反偷逃税、反恐怖融资、反腐败等领域行使司法管辖权，通过最高人民法院的司法实践发布一批确认中国法律具有域外适用效力的典型案例，借此影响这些领域国际法规则的形成。第三，明确要求外国法院向我国当事人跨境送达、取证以及承认与执行外国仲裁裁决、裁判、禁令等保全措施，应当依照中华人民共和国缔结或者参加的国际条约所规定的途径进行；没有条约关系的，应当通过外交途径进行（陈文婧，2020；廖诗评，2019；肖永平，2019）。

## （四）加强交流协调，提高我国依法行使域外执法管辖权的国际影响力

第一，加强与其他国家的司法合作范围，扩大“朋友圈”，发挥“一带一路”律师联盟和“中国—上合组织法律服务委员会”的平台作用，利用好上合组织、联合国毒罪办、中德、中法、中欧、中芬等双边、多边机制，加强国际交流，升级与其他国家的双边司法协助条约，提高合作水平，以便于我国与其他国家共同对抗美国恶意、任意行使长臂管辖权，侵犯我国企业和公民的合法权益。第二，加强国内协调，成立专门机构统一协调国内各部门应对美国滥用长臂管辖权的措施，对内统一收集信息、发布政策、审核授权、提供指引；对外协调磋商、谈判和反制方法。第三，明确规定司法部、公安部、商务部等部门有权根据情势发展需要发布具有域外效力的行政措施，便于我国及时采取有效的应对措施，推动建立国家刑事司法协助部际协调机制，用法律武器坚定地维护国家利益。第四，加强中国法英译的规范性和统一性，保障中国法对外传播的基础。此外，还应当加强中国法英文译本以及案例检索电子平台的建设，以便于域外法学界和司法实务界能够有便利的渠道了解中国法，避免中国法域外适用时的误读（陈文婧，2020；廖诗评，2019；肖永平，2019）。

### （五）积极探索试点，在一些条件成熟的领域尝试拓展基于人民币的更深层次的管辖权

随着人民币国际化的推进，基于美元所进行的长臂管辖思路同样适用于人民币。我国为其他国家提供人民币流动性、交易和结算便利的过程中同样承担了相应的义务，因而，我国也有权利基于国家安全和利益在人民币的使用环节中加以管辖。例如，清算行可考虑将 KYC（Know Your Customer，了解你的客户）的原则延伸至 KYCC（Know Your Customers' Customer，了解你的客户的客户）。在清算行进行清算时，往往仅能知晓交易银行的信息，对银行所代理的客户的信息不知情，存在对境外洗钱、恐怖主义、反华等从事威胁我国安全和利益行为的监管真空区。再如，我国应有权对中银香港基于 RTGS（即时支付结算）系统提供的清算服务进行监管。境外人民币业务清算行接入 CNAPS（中国现代化支付系统）通过大额实施支付系统（HVPS）处理人民币资金跨境结算和清算，由于其依赖于我国的系统提供服务，因而其人民币的结算部分也应接受中国人民银行的监测和管理。

### （六）坚持量力而行，避免盲目扩展国内法域外适用领域和范围

在实践中，国内法域外适用能否得到有效实现，归根到底，取决于一国的国家实力。脱离本国当前阶段的现实国力，盲目拓展国内法域外适用的领域与范围，既没有必要，也难以实现。习近平总书记强调："必须认识到，我国社会主要矛盾的变化，没有改变我们对我国社会主义所处历史阶段的判断，我国仍处于并将长期处于社会主义初级阶段的基本国情没有变，我国是世界最大发展中国家的国际地位没有变。"因此，清醒认识到我国现阶段仍然是世界上最大的发展中国家这一定位将是科学理性构建我国国内法域外适

用法律体系的前提，我国国内法域外适用领域和范围的扩展应遵循量力而为的原则，从我国的国际地位、现实国力与国家（企业、金融机构）利益维护的实际需要为出发点，开展体系构建和制度设计（漆彤，2021）。

ANNEX I

# 人民币国际化的历程与现状

2009年以来，按照党中央、国务院的决策部署，中国人民银行会同有关部门尊重市场选择，以贸易投资便利化、自由化为重点，建立并健全了人民币跨境和国际使用的政策框架和基础设施，人民币国际使用稳步扩大，在全球货币体系中保持着稳定地位。2016年10月1日，人民币被正式纳入国际货币基金组织特别提款权（SDR）货币篮子，这是人民币国际化进程重要的里程碑。时至今日，人民币跨境使用政策和相关基础设施持续完善，人民币国际使用稳步提升。

跨境人民币业务的发展历程与我国对外开放的步伐密切相关。在改革开放初期，人民币通过人员往来、边境贸易、边境旅游等方式向我国毗邻国家和我国港澳台地区少量流出。加入世界贸易组织（WTO）后，为推动对外贸易的发展、满足居民出国旅游的需求，我国逐步放开人民币流出限制，人民币现钞开始通过个人携带方式流向我国周边地区。2008年国际金融危机发生后，顺应市场需求，人民币国际化进程正式启动，纵观其发展历程，可大致分为四个阶段（霍颖励，2018）。

## （一）起步阶段：业务范围从货物贸易到服务贸易，再到所有经常项目，参与主体从企业到个人

2009 年 7 月，跨境贸易人民币结算试点在上海、广东省广州、深圳、珠海、东莞五市率先启动，境外地域范围暂定我国港澳地区和东盟国家。2010 年 6 月，为满足企业对跨境贸易人民币结算的实际需求，中国人民银行等六部门联合将试点地区扩大到北京、天津等 20 个省（自治区、直辖市），不再限制境外地域范围。2011 年 8 月，跨境人民币结算试点扩大到全国，业务范围涵盖货物贸易、服务贸易和其他经常项目结算，境外地域没有限制。企业通过开展跨境贸易人民币结算业务，降低了使用外币结算导致的汇兑损失，避免了结售汇成本以及汇率风险管理成本，使境内企业参与国际贸易的竞争力有所提升，人民币跨境使用逐渐受到企业的欢迎。

随着跨境贸易人民币结算业务的发展，为切实防范风险，企业跨境货物贸易人民币结算试点初期采取总量控制原则，选择信誉良好的企业建立“正面清单”并进行首批试点。2010 年 6 月扩大试点后，在总量控制原则下选择出口货物贸易人民币结算试点企业，截至 2010 年末，审定试点企业达到 67000 多家。2012 年 2 月，企业出口货物贸易人民币结算改为“负面清单”管理，除近两年在税务、海关等方面有较严重违法违规行为的企业将被列入重点监管企业名单并限制相关业务外，境内所有具有出口经营资格的企业均可在进出口贸易和其他经常项目中使用人民币结算。

与此同时，个人项下人民币跨境结算在先行试点的基础上逐步推广。2011 年初，国务院批准在浙江省义乌市设立国际贸易综合改革区，允许义乌开展个人跨境贸易人民币结算业务试点。2012 年 12 月后，江苏昆山深化两岸产业合作试验区、上海自贸区、云南及广西沿边金融综合改革试验区等地也陆续开展个人经常项下跨境人民币业务创新试点，试点政策带动了当地跨

境人民币业务发展。自 2014 年 6 月开始，中国人民银行及时总结试点经验，将个人货物贸易、服务贸易跨境人民币结算业务扩展到全国。

## (二) 推进阶段：业务范围从经常项目逐步扩展到部分资本项目

随着跨境贸易人民币结算试点的深入开展，境内外机构使用人民币进行资本项下资金运用的需求日益强烈，人民币跨境使用相关政策法规应运而生。

一是对外直接投资和外商直接投资业务。对外直接投资人民币结算业务和外商直接投资人民币结算业务都经历了从个案试点到全国推广的过程。随着跨境贸易人民币结算试点的深入开展，境内机构使用人民币到境外直接投资的需求日益强烈。为探索使用人民币进行对外直接投资的可行性，2010 年，中国人民银行在新疆试点开展了境内企业人民币对外直接投资业务。2011 年，在总结前期试点经验的基础上，允许跨境贸易人民币结算试点地区开展对外直接投资人民币结算业务。随着 2011 年 8 月跨境贸易人民币结算试点扩大到全国，人民币对外直接投资业务也扩大到全国范围。对于外商直接投资人民币结算业务，2011 年 10 月，中国人民银行和商务部共同规范了外国投资者使用人民币来华直接投资业务的管理，并于 2012 年进一步明确了相关管理制度。二是外商投资企业“投注差”模式借款。2011 年 10 月，中国人民银行明确了外商投资企业境外人民币借款管理原则，外商投资企业可向其境外股东、集团内关联企业和境外金融机构借用本外币借款，即在“投注差”模式下，外商投资企业增加了人民币借款的选择。三是境外项目人民币贷款业务。自 2009 年起，中国人民银行先后批准境内 9 家银行开展境外项目人民币贷款业务试点，取得了较好的经济效应和社会效应，也累积了一定经验。2011 年 1 月，明确了境内银行可向境内机构在境外投资的企业或项目提供人民币贷款。2011 年 10 月，为更好满足市场需求，规范业务操作，在总结试点经验的基础上，将境外项目人民币贷款业务正式推广至全国。四是跨国企业集团跨境双向人民币资金池业务。为打通跨国企业集团境内外母公司、子公司或其他成员企业间资金流通渠道，便利成员企业间开展跨境人民币资金余缺调剂和归集业务，2014 年，中国人民银行明确了跨境人民币资金集中运营业务，并于 2015 年进一步规范相关业务开展条件以及业务办理流程，为跨国企业集团提升自身财务管理水平、提高资金使用效率并降低企业融资成本提供了多项选择，助力跨国企业集团对境内外成员企业的资金使用管理。

## （三）发展阶段：金融市场逐步开放，基础设施进一步完善

随着人民币跨境使用从经常项目拓展到资本项目，我国金融市场对外开放的脚步也从未停止，跨境人民币证券投融资业务在此时期得到快速发展。一是境内银行间债券市场进一步开放。2005 年，中国人民银行分别批准泛亚基金和亚债中国基金进入银行间债券市场，打开了境外机构进入我国银行间债券市场的大门。2016 年 2 月，中国人民银行进一步完善了相关配套政策，将境外投资主体范围扩大到境外依法注册成立的各类金融机构，并对境外投资者的投资行为实施宏观审慎管理。二是境外机构在我国境内发行人民币债券（熊猫债）的政策依据进一步明确。2005 年 10 月，国际金融公司和亚洲开发银行作为国际开发机构先后获准在我国银行间债券市场发行了 11.3 亿元和 10 亿元人民币债券，开启了熊猫债发行的先河。而后，为统一熊猫债账户开立、跨境汇划等规则，2016 年 12 月，中国人民银行明确了相关政策框架，构建关于熊猫债的数据统计监测和宏观审慎管理体系。三是人民币合格境外机构投资者（RQFII）及人民币合格境内机构投资者（RQDII）业务逐步完善。2011 年 12 月，RQFII 试点工作正式启动，初期试点额度约人民币 200 亿元，此后，根据市场需求以及相关政策安排，额度不断扩大，试点地

区也逐步扩展。此外，2014 年 11 月，中国人民银行推出 RQDII 制度，允许符合条件的境内机构以人民币投资于境外证券产品，这更加便利了相关金融机构开展金融市场业务，有效避免制度转换成本。四是“沪港通”业务逐步推进。2014 年 11 月，“沪港通”正式上线运行。“沪港通”是上海证券交易所和香港证券交易所之间的互联互通机制，两地投资者可通过当地证券公司（或经纪商）买卖规定范围内的对方交易所上市的股票。“沪港通”是内地和香港股票市场双向开放、增强合作的重要举措，为内地和香港投资者开辟了新的投资通道。

人民币跨境使用的基础设施不断完善。一是境外人民币清算安排逐步完善。2009 年，为配合跨境人民币业务试点工作，中国人民银行与中银香港和中国银行澳门分行先后签订了《关于人民币业务的清算协议》，进一步放宽港澳人民币的业务范围。后期为进一步扩大我国金融市场双向开放，中国人民银行又陆续与新加坡、英国、德国、韩国、法国、美国、俄罗斯等国的中央银行达成一致并设立人民币清算行。二是建成运行人民币跨境支付系统（CIPS）。中国人民银行于 2012 年启动建设 CIPS 并于 2015 年正式上线。CIPS 的建成运行是我国金融市场基础设施建设的里程碑事件，标志着人民币国内支付和国际支付统筹兼顾的现代化支付体系建设取得重要进展。

### （四）深化阶段：人民币加入 SDR 货币篮子，人民币国际化迈入新的历史阶段

2016 年 10 月，人民币正式加入 SDR 货币篮子，这意味着国际社会对中国新发展战略的认可，也是对人民币自由兑换程度不断提高、我国资本市场双向开放稳步发展的有力认可。与此同时，跨境人民币相关政策也在进一步完善，改革举措进一步深化。一是为推进人民币资本项目可兑换，改变外债逐笔审批核准的前置管理模式，上海自贸区的分账核算探索了跨境融资全口

径管理模式，并于 2016 年及 2017 年进一步规范了相关政策框架，这是完善我国宏观审慎政策框架的关键一步，有效提高了跨境融资效率和资源配置水平，既具有中国特色，也是当前全球跨境资本流动宏观审慎管理的开创性事件。二是“深港通”“债券通”“沪伦通”等业务逐步启动，进一步提高了境内外资本市场互联互通程度。三是 CIPS 建设跨入新阶段。2018 年 3 月 26 日，CIPS（二期）投产试运行，其运行时间进一步延长，基本覆盖全球各时区，支持全球的人民币支付和金融市场业务。截至 2024 年 6 月末，CIPS 系统共有参与者 1544 家，其中直接参与者 148 家，间接参与者 1396 家。间接参与者中，亚洲 1044 家（境内 565 家），欧洲 238 家，非洲 52 家，北美洲 24 家，大洋洲 21 家，南美洲 17 家。CIPS 系统参与者分布在全球 116 个国家和地区，业务可通过 4700 多家法人银行机构覆盖全球 184 个国家和地区。四是为进一步便利境外投资者投资境内证券市场，2019 年 9 月，相关部门取消了合格境外投资者投资额度限制，RQFII 试点国家和地区限制也一并取消。

### （五）人民币国际使用的现状

一是人民币作为支付货币功能不断增强。根据 SWIFT 统计，2023 年 12 月，在基于金额统计的全球支付货币排名中，人民币继续保持全球第四大最活跃货币的位置，占比 4.14%。2023 年 1—9 月，人民币跨境收付金额为 38.9 万亿元，同比增长 24%[①]。二是人民币作为计价货币功能取得进展。目前，在涉外经济活动的统计、核算中，人民币计价货币功能取得进展。2013 年 1 月，海关总署公布的进出口统计数据由原来发布单一美元，改为人民币、美元双币种同时发布。自 2014 年 1 月开始，海关总署以人民币为主公布海关主要统计数据系列报表。自 2014 年第一季度开始，商务部以

① 数据来源：《2023 年人民币国际化报告》。

人民币和美元同时公布对外直接投资、外商直接投资、工程承包统计数据。目前，国家外汇管理局公布的国际收支统计数据等都以本外币同时公布。三是人民币作为储备货币功能逐步显现。2016 年 10 月 1 日，人民币正式加入 SDR 货币篮子，体现了国际社会对于我国综合国力和改革开放成效，特别是人民币国际使用功能的认可，是人民币国际化的重要里程碑。IMF 于 2017 年首次公布人民币储备信息，截至 2023 年二季度末，人民币储备规模占比为 2.45%，较 2016 年人民币刚加入 SDR 时提升 1.38 个百分点。2022 年 5 月，IMF 将人民币在 SDR 中的权重由 10.92% 上调至 12.28%，排名第三位。据不完全统计，已有超过 80 个境外央行或货币当局将人民币纳入官方外汇储备。四是人民币作为投融资货币功能持续深化。据不完全统计，2022 年有境外人民币清算安排的国家和地区共发行人民币债券 4838.7 亿元，同比增长 37%；截至 2022 年末，有人民币清算安排的国家和地区人民币债券未偿付余额为 4469.3 亿元，同比增长 64.7%。2023 年 9 月，人民币在全球贸易融资中占比为 5.8%，同比上升 1.6 个百分点，排名上升至第二。根据中国人民银行上海总部统计，截至 2024 年 5 月末，共有 1128 家境外机构主体入市，其中 564 家通过直接投资渠道入市，821 家通过“债券通”渠道入市，257 家同时通过两个渠道入市；境外机构持有银行间市场债券 4.22 万亿元，约占银行间债券市场总托管量的 3.0%；从券种看，境外机构的主要托管券种是国债，托管量为 2.24 万亿元，占比为 53.1%，其次是政策性金融债，托管量为 0.93 万亿元，占比为 22.0%。中国人民银行公布的数据显示[①]，截至 2022 年 8 月末，境外机构持有境内金融市场股票、债券、贷款及存款等金融资产规模合计近 10 万亿元。得益于金融市场对外开放不断深化，人民币投融资货币功能较快提升，2021 年，证券投资人民币跨境

① 数据来源：2022 年 10 月 9 日，中国人民银行官方微信号发布宏观审慎管理局文章《坚持改革开放和互利共赢人民币国际化稳步推进》。

收付金额合计为21.24万亿元，同比增长28.8%；2022年，证券投资人民币跨境收付金额合计为23.6万亿元，同比增长10.9%。近年来，我国熊猫债市场迅速发展，目前发行主体已涵盖政府类机构、国际开发机构、金融机构和非金融企业等。根据联合资信发布的报告《熊猫债发行量创历史新高，未来增长潜力可期——熊猫债市场2023年回顾与2024年展望》，2023年，熊猫债发行量创历史新高，全年发行量首次突破1500亿元大关，这主要得益于中国境内相对较低的融资成本优势持续凸显、熊猫债相关制度优化政策持续出台、人民币国际化进程不断加快等因素；具体来看，2023年共有37家主体累计发行熊猫债97期，发行规模总计1544.7亿元，发行主体家数、发行期数和发行规模同比增幅均超过80%，且均创下历年最高水平。

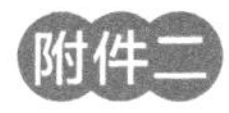

ANNEX Ⅱ

# 我国金融市场对外开放的历程与现状

自 1978 年党的十一届三中全会开启我国改革开放事业以来，我国金融市场对外开放发生了翻天覆地的变化，金融业态不断丰富，金融体系日趋完善。纵观我国金融市场对外开放总体历程，可将其大致划分为六个阶段。

## （一）金融市场缓慢恢复阶段

1978 年，第五届全国人民代表大会决定，中国人民银行总行从财政部分离，执行独立功能，标志着现代金融体系建设的开始。1979 年 2 月，为了扶持农村经济，恢复中国农业银行；1979 年 3 月，中国银行从中国人民银行独立，专门从事外汇业务；1983 年，中国建设银行重新组建；1984 年，中国工商银行从中国人民银行独立。这一系列事件为中国金融市场的发展奠定了坚实的基础。在金融市场开放方面，1979 年日本输出入银行在北京设立代表处，成为我国金融市场开放的起点。1981 年外资金融机构开始在我国市场开展业务，在经济特区设立营业性机构试点，我国开始了全面的金融业再发展。

## （二）金融市场形成阶段

经济改革的深入与经济建设的进一步发展，对金融市场开放提出了更高的要求，对具有强大实力的商业银行和完善的中央银行体系的需求逐步显现。1984 年 1 月 1 日，中国人民银行被赋予专门实行中央银行职能的权利，此前中国人民银行从事的商业银行业务也全部划分至已成立的中国工商银行。这一改革，不仅标志着以商业银行为主体的金融市场的基本建立，也形成了我国现代金融体系的雏形。此后，为进一步加快我国开发开放的进程，促进我国已开拓的证券市场进一步发展，更好地为国家和企业筹集融通建设资金服务，1990 年 12 月和 1991 年 7 月，上海证券交易所和深圳证券交易所正式开业，这是我国扩大和深化改革开放的重要举措，表明了我国深化改革开放的决心和信心。

## （三）金融市场完善阶段

1994 年，国务院集中出台了一系列金融改革政策，对中央银行体系、金融宏观调控体系、金融组织体系等进行了全面改革，进一步加快了金融业的开放。1994 年 1 月 1 日，人民币官方汇率与调剂汇率并轨，正式开始实行以市场供求为基础、单一的、有管理的浮动汇率制度。此后，又陆续颁布了一系列规范我国金融机构行为和金融活动的基本法规，我国金融发展步入法治轨道，金融监管也进入了法制化、规范化的历史时期。1998 年后，受到亚洲金融危机的影响，部分外资金融机构在华业务发展明显放缓，我国在此时期更加重视外资流入和扩大出口，积极引进外资银行以增加外汇储备。这一阶段的金融市场对外开放，加强了银行和证券行业法制化，促进了新兴金融业的发展，使金融体系各系统职能更加清晰。

## （四）金融市场进一步深化阶段

四大国有商业银行在此阶段先后进行股份制改革并上市，我国开始实施引进境外战略投资者，以推进银行业金融机构向现代化企业转型。2003 年，原银监会发布《境外金融机构投资入股中资金融机构管理办法》，并在实践中倡导引进合格境外机构投资者（QFII）。2008 年，国务院发布《关于推进资本市场改革开放和稳定发展的若干意见》，提出“双向”的资本市场改革思路，既允许具备条件的境外机构参股证券公司和基金管理公司，又支持符合条件的机构和个人参与境外资本市场业务。此后，我国金融市场对外开放由单一的“引进来”思路向“引进来”“走出去”相结合的思路转型。

## （五）以人民币“走出去”和向境外机构进一步扩大金融市场为主的开放阶段

从 2009 年 7 月跨境贸易人民币结算业务试点启动，到 2016 年 10 月人民币正式加入 SDR 货币篮子，人民币国际化取得重要进展。随后，我国债券市场对外开放的步伐显著加快，境外机构在国内债券市场发行人民币债券规模明显增加，境外机构投资者投资境内债券市场的领域和范围也在扩大。2016 年 2 月，中国人民银行发布公告，提出为符合条件的境外机构投资者依法合规投资银行间债券市场提供进一步便利条件。股市方面，“沪港通”“深港通”等产品使得资金可有序进出，提高了金融市场融合程度，资金双向流通机制不断完善。

## （六）金融市场对外开放的现状

2017 年以来，我国不断释放进一步扩大金融市场对外开放的信号。从股票市场角度，2006 年，中国 A 股股票市场进入快速发展期。上海证券交易所和深圳证券交易所同时推出了以流通 A 股为主的主板市场，股票交易量和市值大幅增加。此外，中国引入了股指期货和 ETF 等金融衍生品。2015 年，股票市场出现大幅调整，我国采取一系列政策措施稳定市场，包括暂停熔断机制、减少限售股解禁等。2020 年后，股票市场持续推进改革与开放，不断扩大对外资的准入，提高外资持股比例限制，增加合格境外机构用户配额等，同时科创板推出也为创新型企业提供了更多融资机会。从债券市场角度，2017 年以来，中国债券市场逐步走向“全面开放”阶段。符合条件的境外机构投资者范围稳步扩大，境外投资者投资额度限制取消，准入备案流程进一步简化。香港与内地债券市场互联互通合作正式获批上线。2019 年，境外机构投资者投资银行间债券市场规则进一步简化，外资机构可获得银行间债券市场 A 类主承销商牌照等政策措施稳步推进我国债券市场进一步开放。从衍生品角度，2017 年后，衍生品市场在对外开放上也取得实质进展。2018 年 3 月推出首个国际化期货品种，目前我国已实现原油、铁矿石、PTA 和 20 号胶四个期货品种对外开放。

ANNEX Ⅲ

# 我国金融机构国际化运营的历程和现状——以中资商业银行为例

改革开放以来，我国金融机构“走出去”步伐逐步加快，不断增强全球资源配置的能力，充分利用国际国内两个金融市场，在增强自身竞争力的同时，逐步实现金融资源的优化配置。其中，以中资商业银行为“走出去”主力军的我国金融机构在多方面都取得了长足的进步。在此快速发展期，以中国工商银行、中国农业银行、中国银行和中国建设银行为主的各大中资银行纷纷扩大全球经营活动，探寻各自的国际化路径，并深刻影响着全球金融业格局。

回顾我国商业银行“走出去”历程，大体上可以分为以下四个阶段（魏永强和张文静，2018）[①]。

## （一）我国商业银行国际化运营的初始阶段

1929 年，中国银行在伦敦设立了中国商业银行第一家境外分行，并在 1931 年、1935 年相继开设大阪分行、新加坡分行和纽约经理处。20 世纪

① 魏永强，张文静．中资商业银行“走出去”：挑战与对策［J］．金融观察，2018（7）：42-50.

80年代实行改革开放后，银行的独立性显著提升。1984年中国人民银行成立，专门从事中央银行业务，工商银行、农业银行、中国银行和建设银行则专门从事商业银行业务，初步形成了我国现有的金融体系。由于特殊的历史时期，中国银行在当时成为了中国唯一一家"走出去"的商业银行。我国相关国际业务均由中国银行一家办理，但当时的中国银行办理的境外业务规模小、类型单一，仅提供结算业务。因此，在此阶段，我国商业银行"走出去"，无论从银行参与数量或是业务种类来说都处于非常初步的阶段。

## （二）我国商业银行国际化运营的起步阶段

1997年，中央召开第一次全国金融工作会议，成为了中国商业银行"走出去"的起点。中央财政定向发行2700亿元特别国债，专门用于补充工、农、中、建四家银行资本金，将13939亿元银行不良资产剥离。这两项举措解决了我国商业银行长期以来面临的历史遗留问题，这正式成为了我国商业银行"走出去"的起点。1997年至2007年的十年间，我国经济保持平稳增长，投资环境不断改善，特别是加入WTO后中国放宽了对金融业的限制，使我国商业银行逐步与世界接轨，并实现了商业银行的国际化发展。这十年间，我国商业银行陆续赴境外开设分支机构，参股并并购了一定数量的中资银行，并取得了一定成绩。

其中，2007年11月，美联储正式发布消息，招商银行成为自1991年美国颁布《加强外国银行监管法》后首家准入美国金融市场的中资银行，招商银行纽约分行正式开业，成为我国商业银行"走出去"极具历史意义的事件，这成为中国银行业全球化经营中的一次重要转折。

## （三）我国商业银行国际化运营的发展阶段

随着国际金融危机的到来，国外大量实力雄厚的银行受到不同程度的冲击，政府层面对银行业普遍放松准入限制，相关政策环境有所好转，中国银行业“走出去”进入发展阶段。同时，在国际金融危机中，由于我国银行业金融机构表现稳定，较大程度减小了危机的冲击，也在国际上树立了中国银行业的良好形象，这些都为中国银行业扩展国际市场提供了前所未有的机遇。与此同时，欧美银行业由于国际金融危机的影响出现剧烈震动，政府纷纷出手救市，希望能以此稳定局势。在此情况下，各国监管机构对以往严格的准入条例和规则均做出了不同程度的调整。借助政策松动的大好时机，中国银行业在全球范围内设立机构的数量大量增加，境外活动保持活跃。

## （四）我国商业银行国际化运营的深化阶段

2013 年，“一带一路”倡议正式提出，随着“一带一路”倡议从理念设计、总体框架到进行具体规划，进入务实合作新阶段，中国银行业国际化也逐步显现。近年来，中国银行业支撑众多“一带一路”共建国家重大战略项目的推进，境外投资进程不断加快，境外业务领域加速拓展，银行产品和服务不断创新，中国银行业的境外金融服务能力和国际化水平不断提升。

## （五）我国商业银行国际化运营的现状

一是全球化布局基本形成（芮晓鸥，2019）。改革开放以来，各大国有银行、政策性银行和股份制银行相继在境外铺设分支机构，且扩展方式日益多元化。最初采取代理行模式，后逐渐扩展为自设机构模式。2003 年国有银行股份制改革后，境外参股、并购活动也日益增多。随着我国改革开放的不断深化，各商业银行融入国际金融市场的步伐不断加快，网络布局从主要国际金融中心向全球逐渐延伸。

二是全球服务能力显著提升。中资银行的影响力辐射范围不断扩大，境外业务增长迅速，随着产品多元化和金融创新能力的逐渐提高，各大银行的服务范围从境外中资企业逐渐扩展到当地企业和居民，人才招聘范围也随之扩展，建立了较为完善的国际化人才储备机制，深入渗透到当地的金融服务网络中，较好地匹配了不断增长的客户需求。

三是国际竞争力稳步增强。中国银行业正在加快推动由高速增长向高质量发展的转型，积极探索跨境业务的区域化、集约化管理，提升国际综合竞争力。比如，中国银行利用卢森堡子行所持的欧盟通行证向周边国家进行跨境机构延伸，目前已在欧盟设立了 9 家跨境二级机构；通过中银香港整合东盟地区的境外机构，以提升在东盟地区的整体竞争力；在我国香港、新加坡、纽约、伦敦、卢森堡等地已设立了 20 余个区域业务中心，以实现业务集约化。通过提高管理水平，在原有业务网络的基础上由大及强，全方位提升国际竞争力。

# 参考文献

［1］阿里 · 拉伊迪 . 美国长臂管辖如何成为经济战新武器?［N］. 南京日报，2019-08-23（B04）.

［2］卜祥瑞 . 认清长臂管辖权的实质［N］. 人民政协报，2019-07-02（005）.

［3］蔡宁伟 . 国际金融危机后美国外资银行监管变革研究［J］. 金融监管研究，2018（6）：13-30.

［4］蔡宁伟 . 美国反洗钱“长臂管辖”的渊源与演变［J］. 金融监管研究，2019（11）：97-113.

［5］陈捷，韩静 . 美国的国际金融制裁管辖权法律效力［J］. 国际融资，2020（4）：28-30.

［6］陈捷 . 美国国际金融制裁管辖权法律效力问题研究［J］. 北方金融，2020（3）：16-18.

［7］陈军，张浩阳，赵子晗 . 基于长臂管辖的资本项目返程投资管理研究［J］. 西部金融，2018（7）：28-34.

［8］陈芃 . 长臂管辖：美澳等国返程投资的监管原则［J］. 中国外汇，2006（10）：26-27.

［9］陈卫东 . 全面评估中国金融业开放：“引进来”和“走出去”［J］. 新视野，2019（1）：56-62.

［10］陈文婧．加快推进我国法域外适用的法律体系建设［N］.2020-07-01（002）.

［11］陈阳，侯奕隆．跨境金融制裁与金融机构国际化之路［J］．当代金融家，2019（12）：100-102.

［12］仇小婧，卞正．国际金融制裁风险及应对策略研究［J］．现代金融，2019（6）：22-24.

［13］邓欢．长臂管辖权的滥用及对中国的影响——以“华为事件”为例［J］．法制与社会，2019（11）：247-248.

［14］杜焕芳，徐传蕾．美国外国主权管辖豁免中的商业例外及其实践发展［J］．中国高校社会科学，2016（3）：109-118+157-158.

［15］杜焕芳．中国法院涉外管辖权实证研究［J］．法学家，2007（2）：152-160.

［16］高晶．简析美国长臂管辖权的发展及对我国的启示［J］．智富时代，2019（3）：137.

［17］高敏雪．“长臂管辖”与政府统计中的属民 / 属地原则［J］．中国统计，2019（9）：43-46.

［18］高秋月．美国长臂管辖权制度的形成与发展［D］．武汉：中南财经政法大学，2019.

［19］管涛．“十四五”规划部署稳慎推进人民币国际化［N］．第一财经日报，2020-11-17（A11）.

［20］郭明磊，刘朝晖．美国法院长臂管辖权在 Internet 案件中的扩张［J］．河北法学，2001（1）：130-132.

［21］郭树清．中国资本市场开放和人民币资本项目可兑换［J］．金融监管研究，2012（6）：1-17.

［22］郭言．“长臂管辖”是违背法治公平的霸权主义［N］．经济日报，

2019-05-27（003）.

［23］郭玉军，甘勇．美国法院的“长臂管辖权”——兼论确立国际民事案件管辖权的合理性原则［J］．比较法研究，2000（3）：266-276.

［24］郭玉军，向在胜．网络案件中美国法院的长臂管辖权［J］．中国法学，2002（6）：156-169.

［25］国家外汇管理局江西省分局课题组，郭云喜．外汇管理领域长臂管辖的应用研究［J］．金融与经济，2019（6）：71-75+36.

［26］何迎新．美国长臂管辖在跨境金融监管中的运用及启示［J］．西南金融，2020（6）：27-34.

［27］侯丹．资本项目外汇管理中长臂监管模式探索［J］．中国市场，2019（9）：55+58.

［28］黄风．从《爱国者法案》看美国反洗钱策略的新动向［J］．中国司法，2002（10）：57-58.

［29］黄静．长臂管辖在资本项目外汇管理领域的探索［J］．时代金融，2019（1）：41-42+44.

［30］黄文龙．基于长臂管辖理念构建内保外贷业务监管体系的探索［J］．区域金融研究，2020（9）：59-63.

［31］霍颖励．金融市场开放和人民币国际化［J］．中国金融，2019（14）：22-24.

［32］霍颖励．人民币国际化的新发展［J］．中国金融，2017（16）：24-27.

［33］霍颖励．人民币国际化是顺应市场发展的结果［J］．经济研究参考，2017（48）：36.

［34］霍颖励．人民币在“一带一路”中的作用［J］．中国金融，2017（14）：15-17.

［35］霍颖励．稳步推进人民币国际化再上新台阶［J］．中国外汇，2018（9）：25–27.

［36］霍政欣，金博恒．美国长臂管辖权研究——兼论中国的因应与借鉴［J］．安徽大学学报（哲学社会科学版），2020，44（2）：81–89.

［37］霍政欣．美国宪法上的褫夺公权法案研究——从“华为诉美国案”展开［J］．行政法学研究，2021（6）：39–55.

［38］金赛波．长臂管辖原则之不可忽视的香港法院“管辖权”［J］．中国外汇，2010（24）：26–29.

［39］经绍阳．长臂管辖来袭［J］．中国外汇，2015（Z1）：47–49.

［40］李婧，李世恒．美国长臂管辖下受制裁中资企业的特征研究［J］．国际贸易，2019（11）：36–43.

［41］李庆明．论美国域外管辖：概念、实践及中国因应［J］．国际法研究，2019（3）：3–23.

［42］李姝玉．中国法域外适用问题研究［D］．济南：山东财经大学，2023.

［43］李艳岩．中美涉外产品责任案件管辖权之比较［J］．求是学刊，1996（4）：60–63.

［44］李怡霄，李雨珊，姚天冲．我国应对长臂管辖的策略［J］．中国外资，2021（5）：42–45.

［45］李芷歆．美国反洗钱“长臂管辖权”对中资银行驻美机构的影响研究［D］．上海：华东政法大学，2019.

［46］廖诗评．中国法域外适用法律体系：现状、问题与完善［J］．中国法学，2019（6）：20–38.

［47］林鲁宁．“长臂管辖”背后的一场隐蔽战争——读《美国陷阱》有感［J］．中国财政，2020（13）：73–75.

［48］林欣．论国际私法中管辖权问题的新发展［J］．法学研究，1993（4）：75–84.

［49］刘硕．论美国法上的长臂管辖规则［D］．石家庄：河北经贸大学，2020.

［50］刘天骄．数据主权与长臂管辖的理论分野与实践冲突［J］．环球法律评论，2020，42（2）：180–192.

［51］刘相文，王涛，王晶涛，Graham Adria. 跨境调查及应对诉讼之道［J］．中国外汇，2019（14）：45–47.

［52］刘晓春，杨悦珉．新一轮银行业对外开放背景下的政策重点及对境外中资银行的启示［J］．新金融评论，2019（2）：6–20.

［53］刘旭，程炜．美国“长臂管辖”实践对我国的启示［J］．中国外汇，2018（19）：68–69.

［54］刘颖，李静．互联网环境下的国际民事管辖权［J］．中国法学，2006（1）：90–106.

［55］刘云飞．长臂管辖权和国外开证行［J］．中国外汇管理，2003（3）：61.

［56］卢菊．美国“域外管辖”在对外国企业法律诉讼中的运用——兼论中国企业的应对措施［J］．区域与全球发展，2020，4（2）：108–121+158–159.

［57］罗晓羽．论我国对长臂管辖的应有态度和应对策略［D］．武汉：华中师范大学，2020.

［58］马忠法，李依琳，李想．美国长臂管辖制度及其应对［J］．广西财经学院学报，2020，33（1）：29–41.

［59］孟鑫．长臂管辖原则在美国的晚近发展［J］．法制与经济，2016（10）：194–196.

［60］聂林．监管改革对银行国际化的影响［J］．中国金融，2014（16）：36–38.

［61］潘功胜．人民币国际化十年回顾与展望［J］．中国金融，2019（14）：9–11.

［62］潘功胜．推动上海国际金融中心建设再上新台阶［N］．联合时报，2020–07–21（006）.

［63］潘功胜．我国外汇管理改革事业70年［J］．中国金融，2019（19）：14–16.

［64］戚凯．美国“长臂管辖”与全球经济治理［J］．东北亚论坛，2022，31（4）：64–78+127–128.

［65］戚凯．美国“长臂管辖”与中美经贸摩擦［J］．外交评论（外交学院学报），2020，37（2）：5–6+23–50.

［66］漆彤．加强国内法域外适用法律体系建设和法理研究［N］.2021–02–22（002）.

［67］钱鹏，张义，骆单丹，张曼迪．美国长臂管辖原则探析［J］．法制博览，2015（9）：53+52.

［68］芮晓鸥．中国银行业加快“走出去”［J］．中国金融家，2019（9）：45–46.

［69］桑佳淇．美国法院“长臂管辖权”中“商业交易”联系的实践扩张——以Licci诉黎巴嫩加拿大银行案为视角［J］．法制与社会，2020（4）：69–72.

［70］尚微，蔡宁伟．美国巨额监管处罚的主体、对象、内容与趋势——基于2007 ~ 2017年处罚金额过亿美元的典型案例分析［J］．西南金融，2018（5）：3–12.

［71］沈伟，方荔．美俄金融制裁与反制裁之间的拉锯和对弈——理解金

融反制裁的非对称性［J］. 经贸法律评论，2023（2）：1–25.

［72］石佳友，刘连炻 . 美国扩大美元交易域外管辖对中国的挑战及其应对［J］. 上海大学学报（社会科学版），2018，35（4）：17–33.

［73］宋国友 . 中国可考虑设立阻断法案［N］. 环球时报，2018–12–18（015）.

［74］孙璐璐 . 中行在美诉讼历险或二度被判“藐视法庭”［N］. 证券时报，2015–11–30.

［75］万喆 . 美国“长臂管辖”盯住欧洲［N］. 人民日报，2014–09–02（022）.

［76］王冠楠，项卫星 . 中美金融国际竞争力差距与双边金融市场开放［J］. 亚太经济，2017（5）：38–46+174.

［77］王桃 . 美国长臂管辖原则探析及中国应对［D］. 长春：吉林大学，2020.

［78］王腾 . 长臂管辖原则之不期而至的“制裁例外”原则［J］. 中国外汇，2010（24）：28–30.

［79］王雁庆 . 离岸市场对货币发行国金融体系的影响［D］. 天津：南开大学，2013.

［80］王震 . 对新形势下美国对华“长臂管辖”政策的再认识［J］. 上海对外经贸大学学报，2020，27（6）：91–104.

［81］魏永强，张文静 . 中资商业银行“走出去”：挑战与对策［J］. 金融观察，2018（7）：42–50.

［82］魏志朋 . 中美贸易战背景下美国长臂管辖适用研究［D］. 沈阳：辽宁大学，2020.

［83］伍戈，杨凝 . 离岸市场发展对本国货币政策的影响——一个综述［J］. 金融研究，2013（10）：81–100.

［84］武艺，杨艳．防控国际金融制裁风险［J］．中国金融，2017（24）：103–104.

［85］肖永平．“长臂管辖权”的法理分析与对策研究［J］．中国法学，2019（6）：39–65.

［86］徐冬根．论法偿货币——兼论电子货币非法律意义上的货币［J］．江西社会科学，2013，33（6）：152–157.

［87］徐飞彪．美长臂管辖的起源、扩张及应对［J］．中国外汇，2019（14）：32–35.

［88］徐青森，杜焕芳．研究涉外程序立法 推动涉外司法实践［J］．法学家，2007（1）：97–100.

［89］徐伟功，谢天骐．当代美国对人管辖制度中的属地主义［J］．武大国际法评论，2019，3（3）：65–80.

［90］杨柳．孟晚舟案的基本法律问题：“人格混同”、“长臂管辖权”和“双重犯罪”［J］．中共杭州市委党校学报，2020（4）：90–96.

［91］杨宇冠．美国长臂管辖的起源、扩张和应对［J］．法学杂志，2022，43（4）：73–92.

［92］叶开儒．数据跨境流动规制中的“长臂管辖”——对欧盟 GDPR 的原旨主义考察［J］．法学评论，2020，38（1）：106–117.

［93］易纲，韩春瑶．进一步扩大金融业开放［N］．人民日报，2019–04–01（008）.

［94］易纲．大力推进人民币国际化和汇率市场化［J］．全球化，2015（2）：29–31.

［95］易纲．大力支持上海加快国际金融中心建设［J］．中国金融家，2019（7）：25–26+32.

［96］易纲．扩大金融业对内对外开放［N］．经济日报，2013–11–20

（004）.

［97］易纲 . 外汇管理改革：一项重要而紧迫的任务［J］. 求是，2014（1）：25-27.

［98］易纲 . 遵循三大原则 扩大金融业对内对外开放［J］. 中国金融家，2018（6）：18-19.

［99］于倩 . 美国长臂管辖原则的本质、影响及应对［J］. 湖北经济学院学报（人文社会科学版），2020，17（8）：74-76.

［100］张家铭 ."霸权长臂"：美国单边域外制裁的目的与实施［J］. 太平洋学报，2020，28（2）：53-65.

［101］张申 . 美国"长臂管辖"削弱了国际礼让原则的根基［N］. 人民法院报，2020-05-29（008）.

［102］张丝路 . 长臂管辖效果辨正及对我国的启示［J］. 甘肃社会科学，2017（5）：179-185.

［103］赵磊 . 如何看待美国长臂管辖权［J］. 中国党政干部论坛，2019（5）：95-98.

［104］钟声 . 美国"长臂管辖"过于霸道［N］. 人民日报，2012-08-03（003）.

［105］钟燕慧，王一栋 . 美国"长臂管辖"制度下中国企业面临的新型法律风险与应对措施［J］. 国际贸易，2019（3）：91-96.

［106］周诚君，傅勇，万阿俊 . 人民币升值是影响中国出口的主要因素吗？——理论与实证研究［J］. 金融研究，2014（11）：1-21.

［107］周诚君 . 当前推进资本项目可兑换思考［J］. 中国金融，2019（21）：31-33.

［108］周诚君 . 关于人民币汇率形成机制和基础设施互联互通的思考［J］. 债券，2020（10）：19-22.

［109］周诚君．关于我国银行账户体系的若干思考——兼论 FT 账户和海南自贸区（港）账户选择问题［J］．上海金融，2018（11）：1–6.

［110］周诚君．人民币国际化与上海国际金融中心建设［N］．第一财经日报，2020–08–17（A11）．

［111］周诚君．人民币将更快转向金融交易和国际储备货币［N］．金融时报，2015–11–16（003）．

［112］周诚君．推动人民币在东盟国家使用的思考［J］．区域金融研究，2020（9）：5–7.

［113］朱宸．美国民事诉讼长臂管辖研究及应对［D］．北京：中国政法大学，2020.

［114］Born，Gary B.，Rutledge，Peter B. International Civil Litigation in United States Courts（5th edition）［M］. New York：Wolters Kluwer Law & Business，2011.

［115］Chang M C ，Chang T E . Brand Name Replicas and Bank Secrecy：Exploring Attitudes and Anxieties Towards Chinese Banks in the Tiffany and Gucci Cases［J］. Brooklyn Journal of Corporate Financial & Commercial Law，2013，7（2）：425–441.

［116］Georges R. Delaume. Long–Arm Jurisdiction Under the Foreign Sovereign Immunities Act［J］. American Journal of International Law，1980，74（3）：640–655.

［117］Jesse Van Genugten. Conscripting the Global Banking Sector：Assessing the Importance and Impact of Private Policing in the Enforcement of U.S. Economic Sanctions［J］. Berkeley Business Law Journal，2021，18：136–164.

［118］Jurisdiction：Construction of "Tortious Act" in New York's Long–Arm Statute［J］. Columbia Law Review，1966，66（1）：199–208.

[ 119 ] Jurisdiction: New York Long-Arm Statute and Products Liability for Out-of-State Injury [ J ] . Columbia Law Review, 1964, 64 ( 7 ): 1354-1357.

[ 120 ] Kim Maerowitz. World-Wide Volkswagen Corp. v. Woodson: A Limit to the Expansion of Long-Arm Jurisdiction [ J ] . California Law Review, 1981, 69 ( 2 ): 611-632.

[ 121 ] Long-Arm and Quasi in Rem Jurisdiction and the Fundamental Test of Fairness [ J ] . Michigan Law Review, 1970, 69 ( 2 ): 300-338.

[ 122 ] Long-Arm Jurisdiction in Alimony and Custody Cases [ J ] . Columbia Law Review, 1973, 73 ( 2 ): 289-317.

[ 123 ] Long-Arm Jurisdiction over Publishers: To Chill a Mocking Word [ J ] . Columbia Law Review, 1967, 67 ( 2 ): 342.

[ 124 ] Mark Gergen. Constitutional Limitations on State Long Arm Jurisdiction [ J ] . The University of Chicago Law Review, 1982, 49 ( 1 ): 156-180.

[ 125 ] Mowrey, Robert, Thompson. The Texas Long-Arm Statute, Article 2031b: A New Process is Due [ J ] . SMU Law Review, 2016, 30 ( 4 ): 747.

[ 126 ] Nussbaum R D. The Shortcomings of New York's Long-Arm Statute: Defamation in the Age of Technology [ J ] . St. John's Law Review, 2014, 88 ( 1 ): 175-196.

[ 127 ] Robert S. Smith. No Forum at All or Any Forum You Choose: Personal Jurisdiction Over Aliens Under the Antitrust and Securities Laws [ J ] . The Business Lawyer, 1984, 39 ( 4 ): 1685-1704.

[ 128 ] Trammell A M , Bambauer D E . Personal Jurisdiction and the Interwebs [ J ] . Social Ence Electronic Publishing, 2015, 100 ( 5 ): 1129-1190.